An der Spitze

Birgit Linton   Janet Searle

Series Editor: Mike Thacker

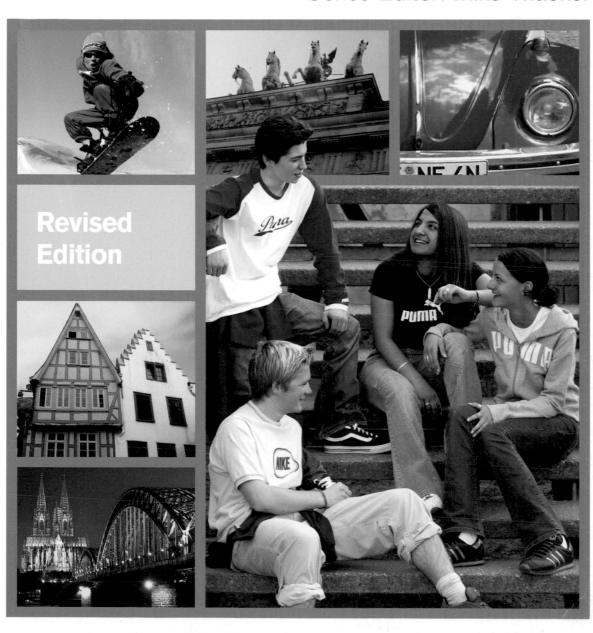

Revised Edition

With thanks to our long-suffering husbands, Martin and Peter, and our children for their understanding, help and support.

Philip Allan Updates, an imprint of Hodder Education, an Hachette UK company, Market Place, Deddington, Oxfordshire OX15 0SE

Orders

Bookpoint Ltd, 130 Milton Park, Abingdon, Oxfordshire, OX14 4SB
tel: 01235 827827
fax: 01235 400401
e-mail: education@bookpoint.co.uk

Lines are open 9.00 a.m.–5.00 p.m., Monday to Saturday, with a 24-hour message answering service. You can also order through the Philip Allan Updates website: www.philipallan.co.uk

ISBN 978-0-340-99170-1

First printed 2007
Revised edition 2009
Impression number   5
Year   2014   2013

All efforts have been made to trace copyright on items used.

Illustrations by Emily Hunter-Higgins and Jim Watson

Cover photos are reproduced by permission of Yavuz Arslan/Still Pictures (teenagers); Timo Schlolaut (Brandenburg Gate horses); Curtis O. Fletcher (snowboarder); Birgit Linton (houses; car, spine; classroom and railway station, back cover); Dirk Ziegener (Cologne cathedral and bridge); Juliane Zielonka (Reichstag, back cover).

Other photos are reproduced by permission of Alamy (pp. 9, 141); Birgit Linton (pp. 34, 35, 38, 52, 65, 67, 72, 88, 95, 108, 109, 110, 124); Corbis (p. 61); Corel (pp. 47, 56, 75, 88, 112, 119, 137, 141); Hemera Technologies Inc. (p. 117); Ikon/Cadmium (p. 130); Ingram Publishing (pp. 18, 19, 99, 121, 125, 130, 139); Kobal Collection/Film 4/ Celador Films/Pathé International (p. 144); Photodisc (pp. 130, 137); TopFoto (pp. 67, 71, 88, 138, 141, 144).

Printed in Dubai

Inhalt

Thema 5 Berufe, Berufe...

Thema 6 ...und in Zukunft?

Noch einmal bitte!

Thema 7 Unterwegs

Thema 8 Ferien

An der Spitze

An der Spitze

Karte der deutschsprachigen Länder

1 Ich stelle mich vor...

1 🎧 📖 **Bitte hör zu und lies mit.**

Guten Tag! Ich heiße Christoph und ich komme aus Deutschland — ich wohne in Dresden. Das ist in Ostdeutschland.

Hallo! Ich heiße Lara. Ich bin vierzehn Jahre alt und habe am 19. August Geburtstag.

Servus! Mein Name ist Jens und ich komme aus Österreich. Ich wohne in Linz. Ich bin fünfzehn Jahre alt und habe am 24. Juni Geburtstag.

Grüßt euch! Ich bin der Lukas. Ich komme aus Deutschland, ich wohne in München, das ist in Süddeutschland. Ich habe am 4. März Geburtstag. Ich bin vierzehn Jahre alt.

Ciao! Mein Name ist Helga und ich wohne in Basel. Ich komme also aus der Schweiz. Ich bin fünfzehn Jahre alt und habe am 30. Januar Geburtstag.

2 Was passt zusammen? Füll die Tabelle aus.

(1) My name is Kevin.
(2) I come from Italy.
(3) I am 17.
(4) My birthday is on 1 May.
(5) I live in Italy.
(6) I am called Kevin.
(7) I come from Switzerland.
(8) My birthday is on 8 March.
(9) I'm Kevin.

(1)	(2)	(3)	(4)	(5)	(6)	(7)	(8)	(9)
e								

a Ich habe am ersten Mai Geburtstag.
b Ich komme aus der Schweiz.
c Ich heiße Kevin.
d Ich bin siebzehn Jahre alt.
e Mein Name ist Kevin.

f Ich wohne in Italien.
g Ich habe am achten März Geburtstag.
h Ich bin Kevin.
i Ich komme aus Italien.
j Ich wohne in der Schweiz.

3 🎧 **Bitte hör zu und mach Notizen.**

Name	Alter	Geburtstag	Wohnort	Staatsangehörigkeit
(1) Roland	18			
(2)				

4 💬 **Macht Dialoge.**

Beispiel
A Guten Tag! Wie heißt du?
B *Ich heiße Paul.*
A Und wie alt bist du?
B *Ich bin siebzehn Jahre alt.*
A Wann hast du Geburtstag?
B *Ich habe am zweiten Juni Geburtstag.*
A Wo wohnst du?
B *Ich wohne in Manchester.*
A Woher kommst du?
B *Ich komme aus England.*

Lucia	12	02/06	Frankfurt	Deutschland
Paul	15	31/10	Wien	Österreich
Mario	21	25/01	Luzern	Schweiz
Agnes	17	13/03	Manchester	England
Christina	30	09/07	Merano	Italien

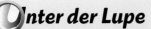nter der Lupe — Das Präsens (the present tense)

The present tense is used to talk about what is happening now or what happens every day or regularly.

All weak (regular) verbs behave like *wohnen* (to live), which is given below.
- You find the infinitive: *wohnen*.
- Take off the *-en* to give the stem (*wohn-*).
- Add the endings listed below.

wohnen

ich	wohne	wir	wohnen
du	wohnst	ihr	wohnt
er/sie/es	wohnt	sie	wohnen
Sie	wohnen	Sie	wohnen

Some verbs are known as strong or irregular verbs. These verbs change the stem slightly, usually in the *du* and *er/sie/es* forms. Look at *sehen* (to see) and *haben* (to have) below.

sehen

ich	sehe	wir	sehen
du	siehst	ihr	seht
er/sie/es	sieht	sie	sehen
Sie	sehen	Sie	sehen

haben

ich	habe	wir	haben
du	hast	ihr	habt
er/sie/es	hat	sie	haben
Sie	haben	Sie	haben

A few verbs are more irregular, for example *sein* (to be). This is an important verb and you must learn it.

sein

ich	bin	wir	sind
du	bist	ihr	seid
er/sie/es	ist	sie	sind
Sie	sind	Sie	sind

Complete the following sentences with the correct form of the present tense.

(1) Ich _____ (sein) nicht sehr sportlich, aber ich _____ (laufen) gern Ski.

(2) Meine Großmutter _____ (kommen) aus Italien. Sie _____ (sprechen) Italienisch und _____ (sehen) gern italienische Filme.

(3) Meine Freundin und ich _____ (fahren) oft in die Stadtmitte. Wir _____ (kaufen) Kleidung und _____ (essen) im Restaurant.

(4) Mein Vater _____ (machen) viel Arbeit im Garten. Ich _____ (finden) diese Arbeit langweilig aber mein Vater _____ (finden) es ganz interessant.

(5) Was _____ (trinken) du zum Frühstück? Ich _____ (trinken) meistens Kaffee mit Milch. Und was _____ (essen) du dazu? Ich _____ (essen) nicht viel, vielleicht ein Stück Brot mit Marmelade.

(6) Meine Schwester _____ (sprechen) stundenlang mit ihrem Freund am Telefon. Die beiden _____ (planen) einen Urlaub in Amerika. Sie _____ (fliegen) im August hin.

---

5 Beschreibe Günay und Anastasija.

Steckbrief

Name: Günay Celik
Alter: 16
Geburtstag: 26. Februar
Wohnort: Frauenfeld
Staatsangehörigkeit: Türke

Steckbrief

Name: Anastasija Ozols
Alter: 15
Geburtstag: 24. Juni
Wohnort: Linz
Staatsangehörigkeit: Litauerin

2 Familie

☑ **Talk about your close family**
☑ **Ask others about their family**
☑ **Learn to use the indefinite article in the accusative case**

1 📖 Was passt zusammen?

(1) *Also ich bin der Marius, ich habe einen Zwillingsbruder, er heißt Steffen. Ich habe keine Schwestern. In meiner Familie sind noch meine Eltern. Ich habe einen Vater. Er ist 43 und arbeitet in London und eine Mutter, die halbtags als Sekretärin arbeitet. Mein Bruder und ich sind 15 Jahre alt.*

(2) *Ich heiße Lisa und bin 14 Jahre alt. Ich habe einen Vater, eine Mutter, einen älteren Bruder und eine kleine Schwester. Sie heißt Lena und ist sehr lieb. Meine Mutter arbeitet im Moment nicht, aber mein Vater ist Lehrer. Mein Bruder ist in der Oberstufe und macht nächstes Jahr Abitur. Er heißt Peter.*

(3) *Annika ist mein Name. Meine Eltern sind geschieden und meine Schwester und ich wohnen bei meinem Vater. Wir sehen unsere Mutter am Wochenende. Sigrid ist meine Stiefmutter. Ich mag sie sehr gern. Sie hat auch Kinder. Ich habe eine Stiefschwester, sie ist auch 15 wie ich und zwei Stiefbrüder, sie sind 8 und 10 Jahre alt. Sie sind sehr laut und wild. Ich habe auch einen Halbbruder, er ist 9 Monate alt. Sigrid ist seine Mutter und mein Vater ist auch sein Vater.*

(4) *Meine Eltern sind getrennt. Ich habe einen kleinen Bruder, Sven heißt er. Wir wohnen bei unserer Mutter und sehen unseren Vater einmal in der Woche. Ich heiße Sophie und bin 14 und Sven ist 9.*

2 🏛 Ein Bild hat keinen Text. Bitte schreib einen kurzen Text wie in Übung 1.

3 📖 Brauchst du eine Endung und was ist die richtige Endung? Versuch es doch mal!

A Hallo, hast du ein____ Bruder?

B *Ja, ich habe ein____ Bruder und ein____ Schwester. Und du?*

A Ich habe ein____ Stiefschwester und ein____ Stiefvater und ein____ Halbbruder. Meine Eltern sind geschieden.

B *Möchtest du ein____ Bruder?*

A Nein, mein____ Stiefschwester ist schon verheiratet. Sie hat ein____ Mann und ein____ Kind. Das Kind ist ein Junge.

das Einzelkind	only child	die Partnerin	female partner
der Bruder (Brüder)	brother(s)	die Großmutter (Oma)	grandmother (grandma)
die Schwester (-n)	sister(s)		
der Halbbruder (-brüder)	half-brother(s)	der Großvater (Opa)	grandfather (grandpa)
die Halbschwester (-n)	half-sister(s)		
die Stiefschwester (-n)	stepsister(s)	geschieden	divorced
der Stiefbruder (-brüder)	stepbrother(s)	getrennt	separated
der Zwillingsbruder	twin brother	verheiratet	married
die Zwillingsschwester	twin sister	verwitwet	widowed
die Stiefmutter	stepmother	ledig	single
der Stiefvater	stepfather	jünger	younger
der Partner	male partner	älter	older

4 💬 Macht Dialoge.

Beispiel

A Wie heißt du?
B *Ich heiße* _____
A Wie alt bist du?
B *Ich bin* _____
A Hast du Geschwister?
B *Ja, ich habe einen/eine/ein* _____
A Wie heißt dein Bruder/Halbbruder/
   Stiefbruder/Zwillingsbruder?
B *Er heißt* _____
A Wie heißt deine Schwester/Halbschwester/
   Stiefschwester/Zwillingsschwester?
B *Sie heißt* _____
A Wie alt ist sie/ist er?
B *Sie ist/er ist* _____
A Wie heißt deine Mutter/dein Vater?
B *Sie heißt/er heißt* _____
A Wie alt ist sie/ist er?
B *Sie ist/er ist* _____

Stiefvater, Michael, 48 — Mutter, Franziska, 39
Lisa, 15 — Stiefbruder, Jörg, 16
Halbschwester, Terese, 4

Mutter, Inge, 40 — Vater, Werner, 44
Jana, 10 — Timo, 13
Thomas, 13 — Lena, 8

Du bist:
(1) Lisa
(2) Thomas
(3) Du bist du selbst! Sprich über deine Familie!

◯ *nter der Lupe*

Der unbestimmte Artikel im Akkusativ
(the indefinite article in the accusative)

You already know that there are three genders in German.

Nouns can be masculine (*der*), feminine (*die*) or neuter (*das*) ('the' in English). This is called the **definite article**:
- *der Vater   die Mutter   das Kind*

If you want to use the **indefinite article** ('a/an' in English), it would look like this:
- *ein Vater   eine Mutter   ein Kind*
  Ein Vater heißt Peter.
  Eine Mutter heißt Tina.
  Ein Kind heißt Tom.

If you want to say that you have or want something or somebody, there is a slight change for the **masculine** noun only. This is called the **accusative**:
- *einen Vater   eine Mutter   ein Kind*
  Ich habe einen Vater.
  Ich habe eine Mutter.
  Ich habe ein Kind.

In the plural you do not need to add an article. Just use the noun on its own:
  Ich habe (zwei) Brüder.
  Ich habe (drei) Schwestern.

5a 🎧 Bitte hör zu.
Vier Jugendliche sprechen über ihre Familien. Was ist richtig und was musst du korrigieren?

(1) Florians Mutter ist jetzt mit Michael verheiratet.
(2) In Florians Familie sind drei Jungen und zwei Mädchen.
(3) Jens ist Einzelkind.
(4) Sonjas Eltern sind geschieden.
(5) Sonja hat zwei Stiefschwestern.
(6) Kerstins Mutter ist Hausfrau.
(7) Kerstins Geschwister sind älter als sie.
(8) Alle Kinder in Kerstins Familie sind Teenager.

b Bitte mach einen Stammbaum von Kerstins Familie.

Vater

Frank

6 📝 Schreib einige Sätze über deine Familie. Schau dir noch einmal die Partnerübung an!

3 ...und wer gehört noch dazu?
Verwandte und Tiere

☑ Understand family relationships
☑ Talk about your relatives and your pets
☑ Learn how to use possessive adjectives

Mein Stammbaum

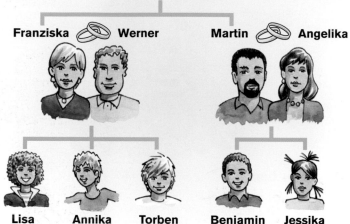

1 📖 💬 **Bitte sieh dir den Stammbaum an und mach Dialoge.**

(1) Du bist Jessika.
(2) Du bist Torben.

A Ich bin Jessika.
B *Wer ist Angelika?*
A Sie/Angelika ist meine Mutter.
B *Wer ist Werner?*
A Er/Werner ist mein Onkel.
B *Wer ist* _____
A Er/sie ist _____

2 🏔 **Bitte schreib jetzt fünf von *deinen* Sätzen auf.**

Beispiel   *Angelika ist meine Mutter.*
              Werner ist mein Onkel.

3 🏔 **Schau dir die Grammatik und den Stammbaum an und mach andere Sätze.**

Beispiel   *Das ist Franziska. Maria ist **ihre** Mutter.*
              *Das ist Torben. Benjamin ist **sein** Cousin.*
              *Das ist Werner. Torben ist **sein** Sohn.*

🔍 Unter der Lupe
Possessivpronomen
(*possessive adjectives*)

When you want to indicate who something or somebody belongs to, you need to use possessive adjectives.

m	f	n	
mein	*meine*	*mein*	my
dein	*deine*	*dein*	your (familiar form)
sein	*seine*	*sein*	his
ihr	*ihre*	*ihr*	her
sein	*seine*	*sein*	its
unser	*unsere*	*unser*	our
euer	*eure*	*euer*	your (plural familiar)
ihr	*ihre*	*ihr*	their
Ihr	*Ihre*	*Ihr*	your (polite form, singular and plural)

If the possessive adjective is placed in front of a masculine (*der*) or neuter (*das*) noun, you do not add the -e at the end. For feminine (*die*) nouns and for the plural you need to add the -e.

> *Das ist mein Vater.*
> *Das ist mein Auto.*
> *Das ist meine Mutter.*
> *Das **sind** meine Eltern.*

When you:
- have something
- want something or somebody
- talk about someone or something

you add *-en* for a masculine noun (*der*), as you would do for the indefinite article in the accusative (*einen*; see page 5).

> *Ich mag meinen Vater.*
> *Ich besuche meinen Opa.*

Ich habe Haustiere

 der Hund

 das Kaninchen

der Fisch

 die Schildkröte

 die Katze

das Pferd

das Meer-schweinchen

der Goldhamster

 die Schlange

der Wellensittich

4 Arbeite mit einem Partner und schreib dann die Sätze auf.

a Was sagt Oliver (a–g)?

Beispiel   *Das ist mein Hund.*

b Was fragt Oliver (h, i)?

 Oliver

 Oliver

5a Bitte lies den Text und such die richtigen Endungen für die Possessivpronomen.

Das ist unser___ Familie. Mein___ Mutter, Maria, mein___ Stiefvater, Michael, und mein___ Geschwister. Mein___ Name ist Stefan. Ich mag mein___ Stiefvater, er spielt elektrische Gitarre und mag Rock wie ich. Mein___ Schwester heißt Tina und ist älter als ich. Sie ist 16.

Dann ist da noch Nicole, das ist Michaels Tochter, also er ist ihr___ Vater und sie ist mein___ Stiefschwester und auch Tinas Stiefschwester, unser___ Stiefschwester. Sie ist 2 Jahre jünger als Tina.

Unser___ Großeltern wohnen auch bei uns. Wir haben ein großes Haus am Stadtrand. Mein___ Großvater ist super nett und sein___ Bruder, unser___ Onkel besucht uns oft. Er ist nicht verheiratet und hat keine Kinder und mag unser___ Haus.

b Was ist richtig und was ist falsch?

(1) Stefan hat keinen Bruder.
(2) Stefans Schwester heißt Nicole.
(3) Nicole ist 16.
(4) Stefan und seine Großmutter wohnen in einem Haus.
(5) Sein Onkel wohnt auch da.
(6) Der Onkel ist ledig.

6 Bitte hör die vier Jugendlichen an. Wer sagt was?

Person	Geschwister?	Cousins, Kusinen?	Andere Verwandte?	Haustiere?
Lisa	eine Schwester	_____	_____	X
Bettina				

7 Bitte schreib ein paar Sätze über deine Familie und deine Tiere.

4 Und wie siehst du aus?

1 📖 Bitte lies diese Beschreibungen.

a *Ich bin groß und ziemlich schlank. Ich habe kurze, glatte, braune Haare und graue Augen.*

b *Ich habe lange, lockige, schwarze Haare und braune Augen. Ich trage eine Brille. Ich bin nicht sehr groß.*

c *Ich trage eine Brille und habe grüne Augen. Ich habe lockige, braune Haare. Ich bin ganz klein. Ich trage einen Ohrring.*

d *Ich bin ganz groß und relativ dick. Ich trage eine Brille und habe blaue Augen und lange, blonde Haare.*

e *Ich habe lange, lockige, rote Haare und blaue Augen. Ich bin mittelgroß und schlank. Ich trage Ohrringe.*

f *Ich bin ganz groß und sehr schlank. Ich habe lange, lockige, blonde Haare und blaue Augen.*

(1) Käthe   (2) Hanni   (3) Martin

(4) Roland   (5) Connie   (6) Oliver

Wer ist das?

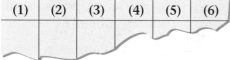

(1)	(2)	(3)	(4)	(5)	(6)

2 💬 Wer bin ich? *A* beschreibt eine Person und *B* rät, wer das ist.

Angelika   Magdalena   Max   Evangelos

3 Bitte schreib eine kurze Beschreibung von einer der Personen in Übung 2.

Beispiel *Angelika ist ziemlich groß und schlank. Sie hat...*

4a Wie bist du?
Ordne zehn dieser Eigenschaften in zwei Gruppen (jeweils fünf in jeder Gruppe).

lustig schlecht frech ruhig
glücklich sympathisch schüchtern
gelaunt traurig ärgerlich
freundlich geduldig
launisch sportlich unordentlich
fleißig ehrlich höflich hilfsbereit böse faul
pünktlich

Fünf positive Eigenschaften ☺	Fünf negative Eigenschaften ☹
lustig	faul

b Suche Gegenteile.

Beispiel höflich ⟷ frech
ordentlich ⟷ unordentlich
fleißig ⟷ _____
traurig ⟷ _____

⭐ **Top-Tipp** Describing someone's appearance

Wie siehst du aus? Wie sieht er/sie aus?

● **Build**

	ziemlich	groß
Ich bin	nicht sehr	klein
Du bist	ganz	schlank
Er/sie ist	relativ	dick
	sehr	
		mittelgroß

● **Hair and eyes**

Ich habe	kurze/lange/	} Haare
Du hast	lockige/glatte/schulterlange	
Er/sie hat	grüne/blaue/	} Augen
	braune/schwarze	

● **Extras**

Ich trage	eine Brille
Du trägst	einen Ohrring
Er/sie trägt	Ohrringe

5 Bitte hör zu und mach Notizen über Natalia, Fabian, Stefan, Julia und Oma.

Natalia Meine Freundin
Aussehen mittelgroß
Charakter _____
_____

6a Bitte lies den Text über Yvonne Catterfeld.

Ich heiße Yvonne Catterfeld und ich bin Schauspielerin und Sängerin. Ich bin am 2. Dezember 1979 geboren, ich bin also siebenundzwanzig Jahre alt. Ich habe keine Geschwister. Ich habe lange, blonde Haare und blaue Augen. Ich bin schlank. Ich bin meistens gut gelaunt, immer ruhig und sehr ehrgeizig. Ich komme aus Erfurt aber ich wohne jetzt in Berlin.

b Füll die Tabelle *auf Deutsch* aus.

Familienname:	
Vorname:	
Alter:	
Geburtsdatum:	
Staatsangehörigkeit:	
Wohnort:	
Beruf:	
Aussehen:	
Charaktereigenschaften:	

7 Suche dir eine berühmte Person aus und schreib einen kurzen Text über sie.

Vokabular

Wie heißt du/heißen Sie?	What is your name?
Woher kommst du/kommen Sie?	Where do you come from?
Wann hast du/haben Sie Geburtstag?	When is your birthday?

Ich heiße Paul.	My name is Paul.
Ich komme aus Hamburg.	I come from Hamburg.
Ich habe am 27. Mai Geburtstag.	My birthday is on 27 May.

der **Familienname**	surname, family name
der **Vorname**	first name
die **Adresse/die Anschrift**	address
das **Geburtsdatum**	date of birth
die **Staatsangehörigkeit**	nationality

das **Einzelkind**	only child
der **Bruder (Brüder)**	brother(s)
die **Schwester (-n)**	sister(s)
der **Halbbruder (-brüder)**	half-brother(s)
die **Halbschwester (-n)**	half-sister(s)
die **Stiefschwester (-n)**	stepsister(s)
der **Stiefbruder (-brüder)**	stepbrother(s)
der **Zwillingsbruder**	twin brother
die **Zwillingsschwester**	twin sister
die **Stiefmutter**	stepmother
der **Stiefvater**	stepfather
der **Partner**	male partner
die **Partnerin**	female partner
die **Großmutter/die Oma**	grandmother/grandma
der **Großvater/der Opa**	grandfather/granddad

Hast du/haben Sie…	Have you got…
…**einen Bruder?**	…a brother?
…**eine Schwester?**	…a sister?
…**Geschwister?**	…brothers or sisters?
Hast du/haben Sie…	Have you got…
…**einen Goldhamster?**	…a hamster?
…**einen Wellensittich?**	…a budgie?

...ein Kaninchen?	...a rabbit?
...ein Meerschweinchen?	...a guinea pig?
...eine Schlange?	...a snake?
Nein, ich habe kein Kaninchen/	No, I have not got a rabbit/
keinen Bruder.	a brother.

Wir verstehen uns meistens gut.	We get on well most of the time.
Er/sie geht mir oft/manchmal auf	He/she often/sometimes gets on
die Nerven.	my nerves.

Meine Eltern sind geschieden/getrennt.	My parents are divorced/separated.
Mein Bruder ist verheiratet.	My brother is married.
Meine Oma ist verwitwet.	My grandma is widowed.
Tante Anna ist ledig.	Aunt Anna is single.
Ich bin jünger als mein Bruder.	I am younger than my brother.
Sie ist älter als ich.	She is older than me.

Ich bin/er, sie ist…	I am/he, she is…
...groß/schlank/klein/dick/fleißig/faul/	...tall/slim/small/fat/hard-working/lazy/
gut/schlecht gelaunt/freundlich/	good-/bad-tempered/friendly/
geduldig/hilfsbereit/ordentlich.	patient/helpful/tidy.

Ich habe/er, sie hat…	I have/he, she has…
...lange/kurze Haare.	...long/short hair.
...lockige/glatte Haare.	...curly/straight hair.
...schwarze/blonde/braune Haare.	...black/blond/brown hair.
...blaue/braune/grüne Augen.	...blue/brown/green eyes.

Ich trage/er, sie trägt…	I wear/he, she wears…
...eine Brille.	...glasses.
...einen Ohrring/Ohrringe.	...an earring/earrings.
...neue Turnschuhe.	...new trainers.

1 ...ist das dein Traumhaus?

- ☑ Say where you live
- ☑ Say what type of house you have
- ☑ Learn to use adjective endings

Ich habe ein schönes Haus. Ich wohne in einem Einfamilienhaus mit Schwimmbad und Tennisplatz. Wir haben eine große Garage. Mein Vater liebt schnelle Autos. Mein Zimmer hat einen Balkon. Das Haus liegt an einem See und wir haben ein neues Motorboot.

1a 📖 Wer sagt was?

(1) *Ich wohne in einem schönen Einfamilienhaus am Stadtrand von Hamburg. Das Haus ist gekauft.*

(2) *Ich wohne in einem kleinen Doppelhaus in einer Neubausiedlung in Essen.*

(3) *Ich wohne in einem modernen Reihenhaus am Meer in der Nähe von Büsum.*

(4) *Ich wohne in einem romantischen Bauernhaus auf dem Land im Schwarzwald.*

(5) *Ich wohne in einer hübschen Wohnung in einem Wohnblock im Stadtzentrum von München. Die Wohnung ist gemietet.*

(6) *Ich wohne in einem neuen Bungalow in den Bergen bei Obersdorf.*

(7) *Ich wohne in einem riesigen Hochhaus an einem Fluss. Unsere Wohnung ist in Frankfurt und ist gemietet.*

b 💬 Und du, wo wohnst du?

2 💬 Bitte mach Sätze. Arbeite mit einem Partner. Sieh dir noch einmal die Bilder in Übung 1 an.

Beispiel   *Ich wohne in einem Bauernhaus am Meer.*

3 📖 Verstehst du alles? Bitte kombiniere!

(1) der Stadtrand
(2) der Gemüsegarten   (3) der Keller
(4) die Himbeere   (5) gemütlich
(6) die Küche   (7) das Badezimmer
(8) das Wohnzimmer   (9) der Blick
(10) das Schlafzimmer   (11) lecker
(12) das Büro

a view   b cosy   c bedroom
d living room   e tasty   f bathroom
g office   h kitchen   i raspberry
j edge of the town   k vegetable garden   l cellar

4 💬 Du hast ein Traumhaus mit Schwimmbad…Tennisplatz, du hast zehn Schlafzimmer…! Wie sieht dein Traumhaus aus? Bitte macht Dialoge mit den Adjektiven im Kasten.

groß
mittelgroß hässlich
klein interessant billig unmodern
modern lustig neu hell dunkel alt
schön lecker gemütlich
teuer

Beispiel

A Hast du ein Haus?
B *Ja, wir haben ein großes Einfamilienhaus.*
A Wo liegt das Haus?
B *Es liegt am Stadtrand an einem See.*
A Bitte beschreib dein Haus.
B *Wir haben eine moderne Küche, zehn große Schlafzimmer, drei kleine Badezimmer und einen schönen Keller. Da ist unsere Tischtennisplatte.*
A Super, hast du auch ein eigenes Zimmer?
B *Ja, ich habe auch ein gemütliches Zimmer. Wir haben auch einen neuen Tennisplatz.*

🔍 Unter der Lupe

Adjektivendungen (adjective endings)

Adjectives are words that describe things or people, e.g. *groß, klein, alt, neu, schön* etc. You can put them at the end of sentences by themselves; in this case, there is no change in spelling:

*Das Haus ist **groß**.*
*Mein Garten ist **schön**.*

To make your German more interesting you can put adjectives in front of the noun they are describing. In this case, you have to add different endings for masculine (*der*), feminine (*die*) or neuter (*das*) nouns.

If you are simply describing something, the endings look like this:

	m	f	n
Das ist…	*ein kleiner Garten*	*eine große Küche*	*ein altes Auto*

In the accusative, when the adjective follows a verb such as *haben* or *kaufen*, the feminine and neuter endings stay the same, but you need to watch out for masculine (*der*) nouns:

	m	f	n
Ich habe/möchte/ kaufe…	*einen kleinen Garten*	*eine große Küche*	*ein altes Auto*
or	*einen lustigen Hund*	*eine kleine Garage*	*ein neues Zimmer*

In the plural the adjective ending is -e for all nouns and you do not have to worry about an article:

kleine Gärten   große Küchen   alte Autos   lustige Hunde

Das ist Stefans Haus. Was sind die richtigen Endungen? Du brauchst nicht immer eine Endung!

Also, meine Eltern haben ein alt___ Haus am Stadtrand. Unsere Garage ist groß___ und wir haben einen schön___ Garten. Ich mag unseren interessant___ Gemüsegarten, im Sommer haben wir lecker___ Karotten, süß___ Himbeeren und viel Salat.
   Im Haus ist eine gemütlich___ Küche, ein modern___ Badezimmer, ein hell___ Wohnzimmer mit einem großen Fernseher. Wir haben auch eine klein___ Gästetoilette. Oben im Haus sind vier Schlafzimmer. Ich habe ein mittelgroß___ Zimmer mit Blick auf die Stadt.

5 🎧 Wo wohnen Florian, Sergej, Elke und Marius? Mach Notizen.

Name	Haus?/ Wohnung?	Wo?	Wie viele Zimmer?	Andere Informationen?

6 🏠 Bitte beschreib dein eigenes Haus oder ein Traumhaus.

Beispiel   Ich wohne _____ . Wir haben _____

2 Wo ist...
meine Lampe?

Die Lampe ist auf dem Tisch.

Die Lampe ist an der Wand.

Die Lampe ist neben dem Bett.

1 🏰 Was schreibst du für Bilder (1)–(6)?

(1) (2) (3) (4) (5) (6)

Hier sind die Namen für die Möbel für deine Sätze:

| die Kommode | der Kleiderschrank | der Schreibtisch | der Papierkorb | der Fernseher | der Stuhl |

| das Klavier | der Tisch | das Sofa | das Regal | der Sessel |

Hier sind die Präpositionen für deine Sätze:

unter	under	gegenüber	opposite
hinter	behind	neben	next to
vor	in front of	zwischen	between

2 📖 🏰 Hier ist eine Liste mit Wörtern für Möbel und andere Sachen in Timos Zimmer. Bitte füll die Lücken mit dem richtigen Dativartikel aus.

> das Fenster *window*   der Schreibtisch   das Regal   der Computer
> das Bett   der Kleiderschrank   der CD-Spieler   die Bücher
> die Lampe   die Wand *wall*

Das ist Timos Zimmer. Sein Schreibtisch steht vor ___ Fenster. An ___ Schreibtisch ist der Stuhl und auf ___ Schreibtisch ist eine rote Lampe. Der Computer steht neben ___ Regal. Vor ___ Fenster hängen die Vorhänge. Die Maus ist natürlich neben ___ Computer. Timo hat auch einen Fernseher neben ___ Bett. Er sieht abends gern fern. Seine Bücher stehen in ___ Regal, auf ___ Kleiderschrank und neben ___ CD-Spieler. Vor ___ Büchern liegen viele CDs. Timo liest nicht so gern. CDs sind auch unter ___ Bett und hinter ___ Lampe. Timo ist nicht sehr ordentlich. An ___ Wand hängt ein Poster von Australien. Timo möchte unheimlich gern mal Australien besuchen.

🔍 Unter der Lupe

Präpositionen mit dem Dativ
(prepositions with the dative case)

an auf hinter in neben über unter vor zwischen

If you want to use a preposition (like those in Übung 1) to explain where things are, you need the dative case in German. You might ask a question such as 'Wo ist die Lampe?' and the answer could be:

| auf **dem** Tisch | an **der** Wand | neben **dem** Bett |
| (masculine: *der*) | (feminine: *die*) | (neuter: *das*) |

The masculine and neuter forms are identical. The feminine form turns into '*der*'. Note that '*an dem*' and '*in dem*' are often pulled together to form '*am*' and '*im*'.

In the plural you use the same article regardless of which gender the noun is:
> Die Lampen sind auf **den** Tischen.
> Die Lampen sind an **den** Wänden.
> Die Lampen sind neben **den** Betten.

Note: you often add an extra *-n* to plural nouns in the dative case.

An der Spitze

3 🎧 **Sieh dir das Bild an, hör gut zu und mach Notizen.**
Was sagt Annika zu Marius? Was stimmt nicht?

4 Bilder beschreiben.

a 💬 **Bitte beschreibt die Bilder und ratet welches Bild das ist.**

b ✏️ **Bitte schreib die Beschreibung von einem Zimmer.**

5 💬 **Macht Dialoge.**

Mein Zimmer

A Bitte beschreib dein Zimmer.
B *Ich habe ein Bett, einen großen Kleiderschrank... Und du?*
A Ich habe einen Schreibtisch und einen Fernseher.
B *Wo ist dein Fernseher?*
A Mein Fernseher ist auf dem Schreibtisch.
B *Und wo ist dein Bett?*
A Mein Bett ist vor dem Fenster.

6 📖 **Annika hat ein neues Haus und schreibt eine E-Mail an ihre Freundin. Bitte lies die E-mail.**

Hallo Sophie,

Wir haben ein neues Haus!

Jetzt wohnen wir in Wiesbaden in einem Einfamilienhaus. Das Wohnzimmer ist groß.

Im Wohnzimmer sind zwei Sofas und drei Sessel, ein Tisch ist zwischen den Sofas. Der Fernseher ist in dem modernen Regal und viele Bilder sind an der Wand. Mein Zimmer ist auch schön. Mein Kleiderschrank ist hinter der Tür und mein Bett neben dem Fenster. Vor dem Schreibtisch steht ein roter Stuhl. An der Tür habe ich ein Poster von Afrika. Nächstes Jahr gehen wir auf Safari, super, nicht?

Das Gästezimmer ist zwischen dem Elternschlafzimmer und meinem Zimmer. Da kannst du dann schlafen, wenn du im Oktober kommst. Dein Bett ist gegenüber der Tür und du hast eine Kommode neben dem Bett.

In der Küche haben wir einen neuen amerikanischen Kühlschrank mit viel Cola, ich weiß, das ist nicht gesund!

Im Keller haben wir eine Tischtennisplatte.

Spielst du auch gern Tischtennis? Ich hoffe ja?

Tschüs

Annika

a ✏️ **Bitte suche alle Ausdrücke mit Dativpräpositionen und schreib sie auf.**

Beispiel *neben dem Bett*

b ✏️ **Sophie hat die E-mail zu schnell gelesen und erzählt ihrer Mutter davon. Korrigiere Sophies Sätze und schreib sie auf.**

Beispiel Annika wohnt jetzt in einem Reihenhaus in Wiesbaden.
Annika wohnt jetzt in einem ***Einfamilienhaus*** *in Wiesbaden.*

(1) Der Fernseher ist an der Wand.
(2) Annika hat ein Poster von Afrika an der Wand.
(3) Das Gästezimmer ist direkt neben dem Bad.
(4) Im Gästezimmer ist der Kleiderschrank neben dem Bett.
(5) Annika fliegt dieses Jahr nach Afrika.
(6) Sie haben einen neuen Geschirrspüler.
(7) Bald kauft Annika eine Tischtennisplatte.

3 Was an meinem Tag so läuft

1 🎧 📖 **Welcher Satz passt zu welchem Bild?**
Hör gut zu und ordne die Sätze in die richtige Reihenfolge.

> ✓ Talk about your daily routine
> ✓ Use reflexive verbs

Beispiel   a 10, b ____

(1) Ich frühstücke um halb acht.
(2) Ich dusche mich.
(3) Ich gehe um halb elf ins Bett.
(4) Ich esse zu Abend mit meiner Familie.
(5) Ich esse zu Mittag in der Kantine.
(6) Ich ziehe mich an.
(7) Ich stehe um 7 Uhr auf.
(8) Ich ziehe mich aus.
(9) Ich schlafe ein.
(10) Ich wache um Viertel vor sieben auf.
(11) Ich wasche mich.

2 🎧 **Hör bitte zu. Wer spricht? Lara, Lukas, Angelika, Helga, Christoph oder Jens?**

Lara

Lukas

Jens

Angelika

Christoph

Helga

Nummer (1), das ist _____
Nummer (2), das ist _____

🔍 Unter der Lupe

Reflexivverben (*reflexive verbs*)

Reflexive verbs are very common in German.
A reflexive verb is used when the person doing the action does it to himself/herself:

I wash **myself**	*Ich wasche **mich***
I get (**myself**) dressed	*Ich ziehe **mich** an*

Reflexive verbs always have reflexive pronouns, as follows:

ich wasche **mich**	**wir** waschen **uns**
du wäschst **dich**	**ihr** wascht **euch**
er/sie wäscht **sich**	**sie** waschen **sich**
Sie waschen **sich**	**Sie** waschen **sich**

Other examples of reflexive verbs are:

sich duschen	to shower
sich anziehen	to get dressed
sich rasieren	to have a shave
sich amüsieren	to enjoy oneself
sich beeilen	to hurry up
sich freuen	to look forward to
sich interessieren	to be interested
sich treffen	to meet

Setze die richtigen Reflexivpronomen ein.

(1) Wir freuen ____ auf die Party nächste Woche.
(2) Interessierst du ____ für Musik?
(3) Jeden Morgen rasiert ____ mein Vater.
(4) Ich treffe ____ mit meinen Freunden in der Stadt.
(5) Meine Eltern interessieren ____ für alte Bücher.
(6) Meine Schwester amüsiert ____ gut beim Einkaufen.
(7) Ich frage ____, wo mein Freund ist.
(8) Amüsiert ihr ____ auf der Party?
(9) Wo treffen wir ____ heute Abend?
(10) Setzen Sie ____ hier auf diesen Stuhl.

3 Schreib jetzt drei Sätze über die Person, die in Übung 2 nicht spricht.

4 Bitte lies diese E-mail von Angelika.

a Was ist hier richtig? Und was ist falsch?

(1) Angelika wacht um 6 Uhr auf.
(2) Angelika steht um 7 Uhr auf.
(3) Angelika duscht sich am Morgen.
(4) Angelika isst kein Frühstück.
(5) Angelika isst zu Mittag zu Hause.
(6) Angelika macht am Nachmittag Schularbeiten.
(7) Angelika relaxt vor dem Abendessen.
(8) Angelika geht um 10 Uhr ins Bett.

b Korrigiere jetzt die falschen Sätze.

5 Macht Dialoge. *A* beschreibt die Routine. *B* rät, wer das ist.

Hi Maggi!

Du wolltest wissen, was an einem typischen Tag so läuft. Also, los...
Meine Eltern stehen schon um 6 Uhr auf und verlassen das Haus gegen 7 Uhr. Ich wache so um Viertel vor sieben auf und stehe alleine um 7 Uhr auf, ich wasche mich und ziehe mich an. Dann frühstücke ich ganz schnell, so ein Marmeladenbrot und ein Glas Orangensaft zum Beispiel. Um 7.35 Uhr fahre ich mit dem Rad in die Stadt und meine erste Stunde beginnt um 7.50 Uhr.

Ich habe sechs Stunden und die sechste Stunde endet um 13.10. Meistens esse ich zu Mittag in der Schule oder ich nehme ein Brötchen mit von zu Hause. Am Nachmittag bin ich mit Freunden zusammen und wir machen Hausaufgaben. Abends bin ich gegen 5 Uhr zurück und ich entspanne mich ein bisschen: Ich sehe vielleicht fern oder ich helfe beim Kochen.

Wir essen alle zusammen am Abend, das finde ich eigentlich toll. Nach dem Abendessen sehe ich fern oder ich surfe im Internet. Ich dusche mich gegen 10 Uhr und ich gehe ins Bett. Normalerweise lese ich eine kurze Zeit lang und dann schlafe ich ein.

Der Tag ist leider zu kurz!

Schreib mir bald! Deine Angelika

Sabine	Evangelos	Magdalena	Kevin	Katja

6 Schreib jetzt ein paar Sätze über Evangelos, Magdalena oder Kevin.

Beispiel *Angelika steht um halb sieben auf.*
Sie frühstückt und dann geht sie in die Schule...

4 Im Haushalt helfen

☑ Talk about helping at home
☑ Use separable verbs

1 📖 Bitte lies diesen Brief von Magdalena.

Liebe Tante Emma!

Hast du Liebeskummer? Ärger mit den Eltern? Streit mit den Freunden? Schwierigkeiten in der Schule?

Schreib an Tante Emma! Sie hilft dir bei diesen Problemen!

Hilfe! Bitte!

Ich bin 16 Jahre alt und ich glaube, ich muss zuviel im Haus helfen!

Ich mache jeden Tag mein Bett und am Wochenende mache ich mein Zimmer sauber. Ich räume abends den Tisch ab und den Geschirrspüler räume ich morgens aus. Ich bringe den Müll einmal pro Tag nach draußen. Ich sauge jede Woche im ganzen Haus Staub. Meine Schwester ist 12 Jahre alt und sie räumt ihr Zimmer nie auf. Sie deckt jeden Abend den Tisch und manchmal putzt sie die Toilette. Aber das ist alles!

Es ist schon sehr unfair, nicht wahr?

Ich bin eine Sklavin!

Deine Magdalena

a Was muss Magdalena machen? Trage die richtigen Buchstaben ein.

Beispiel   *j*

b Wie oft macht sie das?

Beispiel   *j : jeden Tag*

c Findet Magdalena diese Situation gut oder nicht gut?
Woher weißt du das? Was schreibt sie?

2 Hör bitte zu.
Sieh dir die Bilder in Übung 1 nochmals an. Was machen diese Jugendlichen (Angelika, Evangelos, Magdalena und Kevin)? Wie oft und was meinen sie dazu? Mach Notizen.

	Was?	Wie oft?	Meinung?
Beispiel Angelika Evangelos	a ___	jeden Tag	schrecklich 🙁

3a Macht Dialoge.

A Was machst du, um im Haushalt zu helfen?
B *Ich sauge im Wohnzimmer Staub.*
A Und wie oft machst du das?
B *Einmal pro Woche.*
A Und wie findest du das?
B *Ich finde es stinklangweilig.*

2
einmal pro Woche
jeden Tag
abends
manchmal
jeden Freitag

3
stinklangweilig 🙁
ekelhaft 🙁
toll 🙂
ermüdend 🙁
O.K. 😐

b Alles zusammen? Bilde jetzt Sätze!

Beispiel *Ich sauge einmal pro Woche im Wohnzimmer Staub und das finde ich stinklangweilig!*

4 Schreib einen kurzen Brief an Magdalena. Erzähl ihr, was du im Haushalt machen musst, um deinen Eltern zu helfen!

Liebe Magdalena,

_____

Unter der Lupe

Trennbare Verben (*separable verbs*)

Separable verbs come in two parts: the prefix and the verb. In the present tense you separate the prefix from the verb and put it at the end of the sentence:

saubermachen: *Am Wochenende mache ich mein Zimmer **sauber**.*
anziehen: *Angelika zieht sich schnell **an**.*
aufstehen: *Kevin steht immer um 7 Uhr **auf**.*
fernsehen: *Jeden Abend sehen wir 2 Stunden **fern**.*

(1) Now look at Magdalena's letter in Übung 1 and see how many examples of separable verbs you can find.

(2) Bilde zehn Sätze mit diesen trennbaren Verben:

a einkaufen	**b** abfahren	**c** einschlafen
d ankommen	**e** umsteigen	**f** aufmachen
g abwaschen	**h** vorbereiten	**i** anrufen
j aufräumen		

Vokabular

Ich wohne in...
...einem Einfamilienhaus/Doppelhaus/
Reihenhaus/Wohnblock.
...einem Bungalow/Bauernhaus.
...einer Neubausiedlung/Wohnung.

I live in...
...a detached house/semidetached
house/terraced house/block of flats.
...a bungalow/farmhouse.
...a modern housing estate/flat.

Mein Haus ist...
...in der Nähe von...
...neben...
...auf dem Land/in der Stadt.

...am Stadtrand.
...im Stadtzentrum/in einem Dorf.

...am Meer/in den Bergen.
...an einem Fluss.

My house is...
...near...
...next to...
...in the country/
in the town.
...on the outskirts.
...in the town centre/
in a village.
...at the seaside/in the mountains.
...on/near a river.

Das Haus/die Wohnung ist...
...gekauft/gemietet.
...modern/alt.
...groß/klein.
...schön/hässlich.

The house/the flat is...
...bought/rented.
...modern/old.
...big/small.
...pretty/ugly.

Das Haus/die Wohnung hat...
...ein hübsches Schlafzimmer/ein großes
Wohnzimmer/ein helles Esszimmer/
ein kleines Arbeitszimmer/einen tollen
Garten/einen großen Keller/eine
moderne Küche/eine lange Garage/
zwei Etagen.

The house/the flat has...
...a pretty bedroom/a big
sitting room/a bright dining room/
a small study/a fantastic
garden/a big cellar/
a modern kitchen/a long garage/
two floors.

In meinem Zimmer gibt es...
...einen Kleiderschrank/einen Schreibtisch.
...ein Bett/ein Regal.
...eine Lampe/eine Kommode.
In meinem Zimmer sind zwei Stühle/
schöne Poster.

In my room there is...
...a wardrobe/a desk.
...a bed/a shelf.
...a lamp/a chest of drawers.
In my room there are two chairs/
nice posters.

An der Spitze

Mein Bett/Kleiderschrank/Regal/
   Schreibtisch/CD-Spieler ist...

Meine Lampe/Kommode ist...

   ...neben dem Fenster.

   ...hinter der Tür.

   ...zwischen dem Bett und der Tür.

My bed/wardrobe/shelf/
   desk/CD player is...

My lamp/chest of drawers is...

   ...next to the window.

   ...behind the door.

   ...between the bed and the door.

Ich stehe um...auf.

Ich dusche mich.

Ich ziehe mich an.

Ich frühstücke.

Ich verlasse um...das Haus.

Ich esse um...zu Mittag.

Ich mache Schularbeiten.

Ich gehe um...ins Bett.

I get up at...

I have a shower.

I get dressed.

I have breakfast.

I leave the house at...

I have my lunch at...

I do my homework.

I go to bed at...

Ich helfe/er, sie hilft im Haushalt.

Ich decke den Tisch/sauge Staub.

Ich räume mein Zimmer auf.

Ich wasche ab.

Ich räume den Geschirrspüler aus.

I help/he, she helps in the house.

I lay the table/I vacuum.

I tidy up my room.

I do the washing up.

I empty the dishwasher.

1 Hobbys

1 📖 Was passt zusammen?

(1) Am Wochenende gehe ich gern ins Kino. Im Moment ist „Herr der Ringe" mein Lieblingsfilm.

(2) Ich bin Computerfan. Man kann mit Freunden überall in der Welt chatten.

(3) Ich gehe gern mit Freunden einkaufen. Es gibt gute Kleidungsgeschäfte in der Stadt. Die neue Mode finde ich super.

(4) Ich mag lesen, am liebsten Krimis oder Comichefte.

(5) Ich spiele Blockflöte. Ich muss jeden Tag üben.

(6) Ich bin Fernsehfan. Ich sehe jeden Abend 2 Stunden fern. Das entspannt richtig.

(7) Ich bastele gern. Im Sommer fliege ich jeden Samstag mein Modellflugzeug.

(8) Ich esse gern im Restaurant. Besonders mag ich chinesisches Essen. Wir essen einmal im Monat im Chinarestaurant.

(9) Ich treffe mich oft mit Freunden. Wir sitzen abends in meinem Zimmer und quatschen.

(10) Ich gehe am Freitag in einen Klub. Es gibt einen super Nachtklub in der Stadt.

(11) Ich interessiere mich für Musik. Meine Lieblingsband ist „Coldplay". Die sehe ich nächsten Sommer live.

2 🎧 📖 Bitte hör zu und lies mit.

Ingo Ich gehe mit Freunden ins Kino. Filme sind interessant. Wir gehen oft am Dienstag, weil die Karten für Schüler dann billiger sind. Nächste Woche sehen wir den neuen James Bond Film.

Katja Meine ältere Schwester Lena und ich kaufen einmal pro Monat in Mainz ein. Ich kaufe gern modische Kleidung, wenn ich Geld habe. Ich fahre sehr gern mit Lena in die Stadt, weil es Spaß macht.

Aline Blockflöte spielen macht mir keinen Spaß. Ich habe jede Woche Unterricht, das ist am Mittwoch eine halbe Stunde nach der Schule. Ich übe jeden Tag 20 Minuten in meinem Zimmer, weil meine Eltern Musik wichtig finden.

Lukas Ich habe viele Freunde. Wir treffen uns am Wochenende in der Stadt und essen ein Eis im italienischen Eiscafé. Manchmal treffen wir uns auch bei mir zu Hause. Dann sitzen wir oft auf dem Boden und hören Musik und unterhalten uns. Das finde ich super.

Sara Popmusik finde ich toll. Ich habe mindestens 100 CDs. Popkonzerte sind teuer und ich war erst einmal in Hamburg in einem Konzert, weil ich Geburtstag hatte.

Timo Lesen finde ich blöd. Zu Weihnachten bekomme ich immer viele Bücher, aber ich arbeite lieber am Computer.

a Bitte füll die Lücken aus.

> um 13 Uhr
> einmal pro Woche   am Computer
> in einem Konzert   jede Woche   mit Freunden
> am Dienstag   ins Kino   mit Lena   in die Stadt
> in Mainz   in Hamburg   am Wochenende
> einmal   im Eiscafé

(1) Ingo und seine Freunde gehen ____ ins Kino.

(2) Katja und Lena fahren gern ____ .

(3) Sie kaufen ____ modische Kleidung.

(4) Aline hat ____ nach der Schule Blockflötenunterricht.

(5) Lukas isst am Wochenende ____ in der Stadt ein Eis.

(6) Sara war ____ in einem Konzert.

(7) Timo arbeitet gern ____ .

b Wie finden sie das? Bitte hör noch einmal zu.

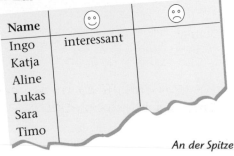

Name	😊	😞
Ingo	interessant	
Katja		
Aline		
Lukas		
Sara		
Timo		

An der Spitze

3 🎧 **Bitte hör gut zu und füll die Tabelle aus.**

Name	Hobby	Wann?	Wie oft?	Mit wem?	Wo?	😊 😞
Elke	Einkaufen	samstags	1 × pro Woche	Freundin Terese	in München	macht Spaß 😊
Florian	_____					

4 💬 **Jetzt bist du dran! Bitte frag deinen Partner und wechselt euch ab! Bitte macht Dialoge.**

Beispiel

A Was machst du in deiner Freizeit?
B *Ich spiele Gitarre.*
A Wann spielst du Gitarre?
B *Ich spiele nachmittags Gitarre.*

A Mit wem spielst du Gitarre?
B *Ich spiele mit Freunden Gitarre.*
A Wo spielst du Gitarre?
B *Ich spiele in der Schule Gitarre.*
A Wie findest du das?
B *Ich finde das entspannend.*

🔍 **Unter der Lupe**

Wann, wie, wo (*time, manner, place*)

When talking about your hobbies you often mention:
- the time (**when** you do something)
- the manner (**how** or **with whom** you do something)
- the place (**where** you do something)

*Lukas isst **am Wochenende** mit Freunden in der Stadt ein Eis.* (**time**)

*Lukas isst am Wochenende **mit Freunden** in der Stadt ein Eis.* (**manner**)

*Lukas isst am Wochenende mit Freunden **in der Stadt** ein Eis.* (**place**)

Germans like to keep this information in the order time, manner, place, as shown in the example.

a — M D M D F S S — langweilig

b — abends — super

c — So — Sa — entspannend

d — Sa — stinklangweilig

5 📝 **Was machst du am Montag, am Dienstag, am Mittwoch...? Bitte schreib sieben Sätze.**

2 Zu Geld kommen...

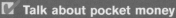

- ☑ Talk about pocket money
- ☑ Talk about part-time jobs
- ☑ Talk about spending and saving
- ☑ Use subordinating conjunctions (*dass*, *weil*, *wenn*)

1   **Bitte hör zu und lies mit.**

Ich bekomme monatlich €30 von meiner Mutter und €10 von meinen Großeltern, weil ich viel im Haushalt helfe. Ich bin ganz zufrieden.

Christoph

Ich bekomme gar kein Taschengeld. Ich gehe viermal die Woche mit dem Hund von unseren Nachbarn spazieren. Ich verdiene €45 im Monat. Ich habe leider wenig Freizeit, weil ich arbeiten muss.

Lukas

Ich arbeite, weil ich kein Taschengeld kriege. Nach der Schule trage ich Zeitungen aus, und am Wochenende gehe ich babysitten. Ich finde es unfair.

Lara

Ich kriege €20 Taschengeld im Monat. Das ist genau richtig. Ich verdiene ein bisschen Geld dazu: Samstags kaufe ich für eine alte Frau ein und sie gibt mir €5 die Woche.

Helga

Ich bekomme €80 Taschengeld, wenn ich in der Schule fleißig arbeite und gute Noten im Zeugnis habe. Ich finde es klasse so!

Jens

Mach Notizen.

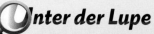

Name	Taschengeld? ✔✘	Arbeit? ✔✘ Was? Wie viel?	Glücklich? ✔✘
(1) Christoph	✔ €40, hilft im Haushalt	✘	✔ zufrieden
(2) Lara			

Unter der Lupe — Dass, weil, wenn

You can use the subordinating conjunctions *dass*, *weil* and *wenn* to join two shorter sentences together to make a longer sentence. Remember that they send the verb to the end of the sentence:

Ich finde es gut,	**dass** ich Taschengeld	**bekomme**.
Es ist unfair,	**dass** du kein Taschengeld	**bekommst**.
Ich bekomme Taschengeld,	**wenn** ich im Haushalt	**helfe**.
Meine Oma gibt mir Geld,	**wenn** ich Geburtstag	**habe**.
Ich habe einen Nebenjob,	**weil** ich kein Taschengeld	**bekomme**.
Ich habe viel Geld,	**weil** ich einen Nebenjob	**habe**.

Join these sentences using *dass*, *weil* or *wenn* (there may be more than one possibility).

(1)	Mein Bruder hat viel Geld.	Er arbeitet samstags im Supermarkt.
(2)	Ich finde es toll.	Ich darf am Wochenende einen Nebenjob finden.
(3)	Meine Freundin spart €25 jeden Monat.	Sie will ein neues Handy kaufen.
(4)	Meine Oma gibt mir ein wenig Geld.	Ich besuche sie.
(5)	Ich bin sehr ärgerlich.	Ich muss mein Geld für Kleidung ausgeben.
(6)	Es ist schrecklich.	Frank bekommt kein Taschengeld.
(7)	Sofie verdient €7 die Stunde.	Sie arbeitet im Restaurant.
(8)	Es stimmt.	Ich kaufe zu viele Bonbons.
(9)	Ich kaufe CDs.	Ich habe genug Geld.
(10)	Jens bekommt €100 monatlich.	Er muss alles selber bezahlen.

2 Bitte lies die Texte unten. Wofür gibst du dein Geld aus?

Ich bekomme €40 im Monat. Ich spende €10 an eine Organisation — ähnlich wie Unicef. Ich gebe mein Geld für Zeitschriften, CDs und Süßigkeiten aus. Und meine Handykosten muss ich selber zahlen: Die sind manchmal richtig hoch! Klamotten und Schuhe bezahlen meine Eltern. Schulsachen muss ich auch nicht selber zahlen. Ich spare aber nicht, weil ich leider kein Geld übrig habe. Im Grunde reicht mir mein Geld.

Christoph

Ich habe €40 im Monat und das reicht mir völlig aus. Ich lege immer €20 auf mein Sparkonto zurück, weil ich noch keinen MP3-Player habe und mir einen kaufen möchte. Die andere Hälfte meines Geldes gebe ich für meine Hobbys aus. Ich kaufe Schmucksachen oder gehe Schlittschuhlaufen. Alle 2 Monate gebe ich €11 für Schildkrötenfutter aus, was noch geht. Ich gebe eigentlich nicht so viel Geld aus, außer vielleicht für Geburtstagsgeschenke für Freunde oder Familie.

Helga

Wofür geben Christoph und Helga ihr Geld aus? Füll die Tabelle aus.

Christoph	Helga

3 Bitte hör zu.

a Richtig oder falsch? Christoph und Lara sprechen über Geld.

Beispiel   Lara bekommt kein Taschengeld.   *richtig*

(1) Lara macht nichts im Haushalt.
(2) Lara verdient €15 pro Woche, wenn sie Zeitungen austrägt.
(3) Lara geht nicht gern babysitten.
(4) Lara interessiert sich nicht für Sport.

(5) Lara gibt das Geld für Schminken aus.
(6) Lara bekommt Kleidung als Geschenke.
(7) Lara spart viel Geld.
(8) Christoph hat schon einen Nebenjob.
(9) Christoph will ein neues Handy kaufen.

b Korrigiere jetzt die falschen Sätze.

4 Macht Dialoge.

Beispiel

A Bekommst du Taschengeld?
B *Ja, ich bekomme €35 im Monat.*
A Was musst du für das Geld machen?
B *Ich muss mein Zimmer aufräumen.*
A Hast du auch einen Nebenjob?
B *Ja, ich arbeite samstags in einem Supermarkt.*
A Wofür gibst du dein Geld aus?
B *Ich gebe mein Geld für CDs aus.*
A Sparst du auch?
B *Ja, ich spare für eine neue Xbox.*

3 Ich bin fit

1 📖

Ich spiele gern Tennis.

Ich gehe ins Fitnessstudio.

Joggen macht Spaß.

Reiten ist fantastisch.

Turnen mache ich sehr gern.

☑ Talk about sport
☑ Express preferences
☑ Use adjectives

Leichtathletik finde ich klasse.

Machst du auch Karate?

Am allerliebsten schwimme ich.

Tauchen mag ich sehr gern.

Schlittschuhlaufen ist super.

Fußball sehe ich unheimlich gern.

Wie findest du Snowboarding?

Am allerliebsten fahre ich Rad.

Ich spiele oft Basketball.

Ich laufe im Winter Ski.

Mein Hobby ist Tischtennis.

2 🎧 **Bitte hör zu und füll die Tabelle aus. Die Information für Timo hast du schon.**

Name	Sportart	Wie oft?	Wo?	😊 😞
Timo	Schwimmen	2 × pro Woche	Klub	😊

🔍 Unter der Lupe — Vorlieben ausdrücken (*expressing preferences*)

There are various ways of expressing your likes and dislikes.

If you like doing something, you can put *gern* after the verb:

*Ich spiele **gern** Fußball.*
*Ich schwimme **gern**.* 😊

If you prefer something, you can use *lieber*:

*Ich tauche **lieber**.* 😊😊

You can also compare it with another activity:

*Ich spiele **lieber** Tennis **als** Fußball.* 😊😊

Use *am liebsten* to talk about your favourite sport:

*Ich laufe **am liebsten** Ski.* 😊😊😊

To talk about the best sport ever, use *am allerliebsten*:

*Ich spiele **am allerliebsten** Basketball.* 😊😊😊😊

And if you don't like something:

Wassersport mache ich nicht gern. 😞
Leichtathletik mache ich noch weniger gern. 😞😞
Ich gehe nie/absolut nicht/überhaupt nicht ins Fitnessstudio. 😞😞😞

You could also say:

Ich mag (I like)…
Basketball mag ich. 😊
Leichtathletik mag ich nicht. 😞

Or use some adjectives:

Fußball ist…
Fußball finde ich…
😊 *klasse, interessant, faszinierend, aufregend, super, einmalig*
😞 *stressig, stinklangweilig, anstrengend, gefährlich, zu teuer*

Wann?

in den Ferien   jede Woche   um 17 Uhr

einmal/zweimal im Jahr   am Donnerstag

am Wochenende

3 💬 **Bitte sprich mit deinem Partner.**

Wo?

im Fitnessstudio   im Schwimmbad

in der Schule   im Park   im Klub

in Österreich

Beispiel

A Hallo Nina, treibst du Sport?
B *Ja, ich spiele gern Tischtennis.*
A Wann spielst du Tischtennis.
B *Am Montag und am Mittwoch um 15 Uhr.*
A Wo machst du das?
B *In der Schule.*
A Warum spielst du gern Tischtennis?
B *Ich spiele gern Tischtennis, weil es Spaß macht.*

Warum?

...weil ☺   ...weil ❄☺   ...weil 🧍

...weil ich da
Freunde treffe   ...weil

4a 🏰 **Bitte schreib einen kurzen Brief.**

Ich 〰️⚽ ☺ *. Ich trainiere am Mittwoch und am*

Samstag, also _____ pro _____ .

Ich trainiere am Mittwoch

Schule

und am Samstag

Klub

Ich mag 〰️⚽*, weil ich es* ☺ *finde.*

b 🏰 **Und zum Schluss: Was machst du?
Bitte schreib ein paar Sätze über dich.**

Das hat Timo geschrieben:

Ich bin der Timo. Ich mache lieber
Wassersport als Leichtathletik. Ich
bin Mitglied in einem Klub. Wir
trainieren zweimal pro Woche,
abends von 19 bis 21 Uhr.
Am allerliebsten mache ich
Brustschwimmen. Ich finde
Schwimmen toll. Ich spiele auch
Wasserball. Ich glaube, ich bin fit.

Was schreibst du?

4 Und am Samstag?

☑ Say what else you do in your free time

☑ Talk about an outing

☑ Use correct word order in longer sentences

1 📖 Welches Bild ist das?

(1) Ich spiele am Computer.

(2) Ich besuche ein Rockkonzert.

(3) Ich schaue (mir) ein Fußballspiel an.

(4) Ich gehe einkaufen.

(5) Ich mache eine Radtour.

(6) Ich gehe auf eine Party.

(7) Ich schreibe E-mails an Freunde.

(8) Ich schreibe SMS/Ich simse.

(9) Ich spiele mit meiner Playstation.

(10) Ich bin Hobbykoch.

2 📖 Bitte lies diese E-mail von Angelika.

Hi Maggi!

Wie geht es dir? Ich freue mich schon aufs Wochenende. Es ist immer viel los hier!

Für mich fängt das Wochenende schon am Freitagabend an. Manchmal treffe ich mich mit Freunden und wir gehen kegeln, oder wir chillen ganz einfach. Manchmal bleibe ich zu Hause und chatte im Internet, schicke E-mails an Freunde in Chile und Namibia oder spiele einfach Videospiele.

Jeden Samstagvormittag spiele ich Geige in einem Orchester. Das macht mir enorm viel Spaß, weil wir nicht nur klassische Musik sondern auch moderne Stücke spielen. Manchmal geben wir sogar Konzerte.

Am Nachmittag treffe ich mich normalerweise mit meinem Freund und wir fahren mit der U-Bahn in die Stadtmitte. Oft gehen wir zum Markt, weil man dort günstige alte Musikplatten kaufen kann (ich interessiere mich wahnsinnig für Musik!). Samstagabend gehen wir dann ins Theater oder ins Kino, wenn etwas Gutes läuft, sonst gehen wir auf eine Party.

Sonntags mache ich 3 Stunden lang meine Hausaufgaben. Danach muss ich meine Großeltern besuchen. Meine Oma backt immer einen Kuchen und wir trinken zusammen Kaffee und essen Kuchen. Nach dem Abendessen lese ich oder ich sehe fern, um mich zu entspannen. Manchmal komponiere ich auch Lieder.

Das Wochenende ist mir leider zu kurz!

Schreib mir bald! Deine Angelika

Make notes in English to check that you understand what Angelika does in her free time.

Day	Activities	With/where?	When?
(1) Friday	(a) bowling (b) (c) (d) (e)	with friends at home	evening
(2)			

🔍 Unter der Lupe

Wortstellung (word order: inversion)

In German the verb must always be the second idea in a sentence. This means that you might need to turn the words around (inversion).

So: *Wir fahren nächsten Samstag mit dem Zug nach Westerland.*

can become: *Nächsten Samstag fahren wir mit dem Zug nach Westerland.*

and: *Wir hören unterwegs Musik.*

becomes: *Unterwegs hören wir Musik.*

Look again at Angelika's e-mail in Übung 2 and see how many examples of inversion you can find.

3 🎧 Bitte hör zu. Ein Tagesausflug nach Sylt. Wie läuft der Tag ab? Was ist die richtige Reihenfolge?

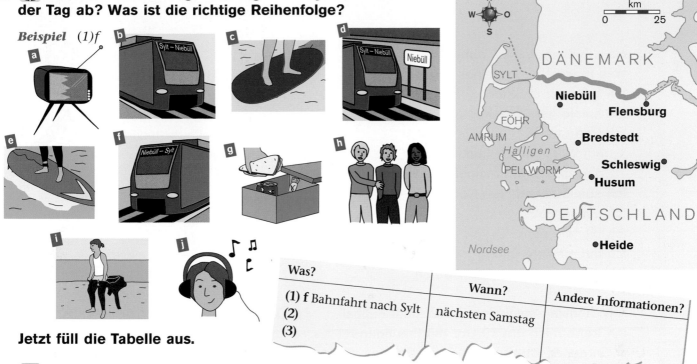

Beispiel (1)f

Was?	Wann?	Andere Informationen?
(1) f Bahnfahrt nach Sylt	nächsten Samstag	
(2)		
(3)		

Jetzt füll die Tabelle aus.

4 🗣 Erzähl deinem Partner von einem Ausflug, den du machen willst.

a

b

5 📧 Schreib eine E-mail an Angelika (150 Wörter). Erzähl ihr von deinen Plänen für einen Tagesausflug.

⭐ *T*op-Tipp

Writing longer sentences: five easy steps

(1) Use linking words to join shorter sentences:
    und   oder   aber

(2) Use subordinating conjunctions to join two shorter sentences together:
    dass   weil   wenn

(3) Use expressions of time to say when:
    Um 10 Uhr   am Abend
    danach   dann   manchmal

(4) Use inversion. Begin your sentences with an expression of time, manner or place:
    Am Wochenende besuche ich immer meine Großeltern.

(5) Use adjectives to describe things:
    günstige Musikplatten

Vokabular

Hast du/haben Sie Hobbys?	Have you got any hobbies?
Was machst du in deiner Freizeit?	What do you do in your spare time?
Ich gehe oft ins Kino.	I often go to the cinema.
Ich spiele gern Blockflöte.	I like playing the recorder.
Ich treffe mich...	I meet up...with my friends
am Wochenende/jede Woche/	at the weekend/every week/
dienstags...mit meinen Freunden.	on Tuesdays.
Ich spiele abends am Computer.	I play on the computer in the evenings.
Ich simse viel.	I text a lot.
Ich bastele gern.	I like doing handicrafts.
Ich interessiere mich für Popmusik.	I am interested in pop music.
Ich gehe am liebsten Einkaufen.	I like shopping best of all.

Am Dienstag spiele ich in Neustadt Fußball.	On Tuesdays I play football in Neustadt.
Ich treffe mich um 19 Uhr mit Freunden	I meet up with friends at 7 p.m.
in der Stadt.	in the town.
Ich gehe gern am Wochenende mit Timo	At the weekend I like going to the
ins Eiscafé.	ice-cream parlour with Timo.
Wir gehen jede Woche ins Kino.	We go to the cinema every week.
Jedes Wochenende gehe ich im Hallenbad	Every weekend I go swimming in the
schwimmen.	indoor pool.

Bekommst du Taschengeld?	Do you get pocket money?
Ich bekomme/kriege kein Taschengeld.	I get no pocket money.
Ich muss zu Hause helfen.	I have to help at home.
Meine Oma gibt mir manchmal €10.	My grandma sometimes gives me €10.
Ich trage Zeitungen aus.	I deliver newspapers.

Ich gebe mein Geld für...	I spend my money on...
...Süßigkeiten/CDs/Kinokarten/	...sweets/CDs/cinema tickets/
mein Handy/Klamotten...aus.	my mobile/clothes.

Ich spare jeden Monat €50.	I save €50 every month.
Ich spare für ein neues Fahrrad.	I am saving for a new bike.
Ich spende jeden Monat €10 für Unicef.	Every month I donate €10 to Unicef.

Ich finde es gut, dass...	I think it's good that...
...ich Taschengeld bekomme/	...I get pocket money/
mir meine Oma Geld gibt.	my grandma gives me money.
Ich bekomme Geld, wenn...	I get money when...
...ich das Auto wasche/	...I wash the car/
ich Zeitungen austrage.	I deliver newspapers.

Ich brauche Taschengeld, weil…	I need pocket money because…
…ich hohe Handykosten habe/	…my mobile costs a lot/
ich oft ins Kino gehe.	I often go to the cinema.

Treibst du Sport?	Do you play any sports?
Ich spiele gern Fußball.	I like playing football.
Ich spiele lieber Tennis als Badminton.	I prefer playing tennis to badminton.
Am liebsten laufe ich Ski.	My favourite sport is skiing.
Leichtathletik mache ich nicht gern.	I don't like doing athletics.
Rad fahren mache ich noch weniger gern.	I like cycling even less.
Schlittschuhlaufen mache ich überhaupt nicht.	I don't go skating at all.

Wo spielst du Tennis?	Where do you play tennis?
Ich spiele im Klub Tennis.	I play tennis in a club.
Wann spielst du Tennis?	When do you play tennis?
Ich spiele…	I play tennis…
…nachmittags/nach der Schule/	…in the afternoons/after school/
am Wochenende…Tennis.	at the weekend.
Wie oft spielst du Tennis?	How often do you play tennis?
Ich spiele…	I play tennis…
…einmal in der Woche/jeden Mittwoch/	…once a week/every Wednesday/
jedes Wochenende/manchmal/oft…Tennis.	every weekend/sometimes/often.
Mit wem spielst du Tennis?	Who do you play tennis with?
Ich spiele…	I play tennis…
…mit Freunden/mit einer Freundin/	with friends/with a girlfriend/
mit meiner Schwester…Tennis.	with my sister.

Joggen finde ich stinklangweilig/blöd/	I find jogging extremely boring/stupid/
schrecklich/gefährlich/anstrengend/	terrible/dangerous/exhausting/
entspannend/wichtig/klasse/	relaxing/important/great/
interessant/einmalig.	interesting/superb.
Schwimmen mag ich (nicht).	I (don't) like swimming.

Ich mache einen Ausflug.	I go on an excursion.
Wir machen…	We are going on…
…eine Bahnfahrt/eine Radtour/	…a train trip/a cycle ride/
einen Spaziergang.	a walk.
Wir schlafen in…	We sleep in…
…einer Jugendherberge/einem Zelt.	…a youth hostel/a tent.
Wir hören Musik/wir spielen am Computer.	We listen to music/we play on the computer.

Noch einmal bitte!

1 💬 Task: Free-time activities

You are talking to your friend about your hobbies and free-time activities. Discuss details and include the points below. Your teacher will play the part of your friend.

(1) what your favourite leisure activities are
(2) where you carry out these activities
(3) who you do an activity with (e.g. a member of your family, a friend)
(4) what you can say about the local facilities
(5) how you came to take up these activities
(6) why you like a particular activity
(7) an activity that you are going to do soon

Remember that your teacher could ask you some unexpected questions, for example:

- point 4 — if there are plans for changing/renewing the local facilities
- point 6 — if there is an activity you particularly dislike

2 🎧 Listen to the dialogue about winter sports between Peter, Michael and Bettina. Decide which statement is correct for which of the three young people. As in the example, mark the correct boxes.

⭐ Top-Tipp

Remember the **Time Manner Place** rule (see page 23).

When talking about your hobbies you often mention **when**, **how** and **where** you are doing an activity. In the boxes below you will find some helpful phrases as a reminder. In German they must stay in that order.

Beispiel Lukas hört am Wochenende allein im Wohnzimmer Musik.

Time

am Wochenende
im Sommer   jeden Tag   jeden Mittwoch
um 19 Uhr   einmal pro Woche   von 14 bis 16 Uhr
in der Pause   eine halbe Stunde
in den Ferien

Manner

allein
mit Freunden   mit Timo
mit Kopfhörern   mit dem Auto   traurig
schnell   mit Frau Schmidt   zu Fuß
mit dem Opa

Place

im Schwimmbad
in der Stadt   im Auto   in München   in der Schule
im Klub   auf dem Fußballplatz   im Wohnzimmer   im Kino
in Spanien

Who...	Peter	Michael	Bettina
(1) ...went on a family skiing holiday?	✓		
(2) ...first went skiing at the age of 3?			
(3) ...does not ski regularly?			
(4) ...is good at skiing?			
(5) ...tried snowboarding on a school trip to France?			
(6) ...goes ice skating?			
(7) ...would not mind doing winter sports again if money could be found for doing it?			
(8) ...trains as a member of a club?			

3 📖 **Read the text about leisure interests of people in Germany and make notes in English under the headings below.**

(1) The interests Germans have in politics   (2)
(2) Sports Germans like, apart from football   (1)
(3) British sports that Germans don't like   (2)

(4) Cultural interests of Germans   (2)
(5) Hiking opportunities in Germany   (2)
(6) Details of the *Oktoberfest*   (2)

Wofür interessieren sich die Menschen in Deutschland?

Was kann man in Deutschland so im Fernsehen sehen? Die Menschen interessieren sich sehr für Politik und ärgern sich natürlich auch darüber. Politische Sendungen sind sehr populär und die meisten Deutschen sehen regelmäßig eine Nachrichtensendung wie die „Tagesschau" im ARD. Es gibt auch viele Satellitenkanäle wie RTL oder Sat1.

Die Menschen amüsieren sich bei Talkshows und natürlich beim Sport, Sport, Sport, aber kein Kricket oder Rugby. Die Fans treffen sich, um viel Fußball zu sehen, die Bundesliga ist für viele Fans sehr wichtig.

Fußball ist überall, von Norddeutschland bis Süddeutschland, vom HSV Hamburg, über Bayer Leverkusen, bis VFB Stuttgart und Bayern München. Viele Menschen interessieren sich auch sehr für Autorennen.

Es gibt viele Theater und mehr Orchester als in England. Viele Theater-, Konzert- oder Opernbesucher kaufen ein Abonnement, das heißt, sie kaufen ein Programm von vielleicht zehn Konzerten oder Theaterstücken, weil das so billiger ist. Sie haben dann die Karten und müssen sich nicht beeilen, die Karten zu kaufen.

Die Deutschen wandern auch gern, die Landschaft ist oft hügelig und die Wanderer freuen sich auf die gute Aussicht oben auf dem Berg. Im Süden sind natürlich die Alpen. Dort kann man sich gut erholen.

Keine Panik! Die Leute setzen sich auch in die Kneipe... außer Kaffee trinken die Deutschen viel Bier. Das Münchener Oktoberfest ist dafür bekannt, aber man trinkt nicht nur im Oktober Bier, das Hofbräuhaus ist das ganze Jahr geöffnet.

Biergarten

4 🏔 **Task: Sport and leisure**

Write an article for the newsletter of your twin town in Germany about what leisure and sports opportunities there are in your town. Here are some points of information you could include:

- a brief introduction to your town
- what sports or leisure activities you particularly like
- details of leisure and sports facilities in your area

- what people's favourite sports/leisure activities are
- what cultural activities/events there are on offer
- when it is a good time to visit your town and why

1 Ich besuche...

☑ Talk about the kind of school you go to

☑ Describe your school

☑ Talk about your uniform

☑ Understand how to use *kein*

1 📖 **Bitte lies diese zwei Texte.**

a Suche dir die fünf richtigen Sätze aus.

(1) Kevin besucht eine Schule für Jungen.

(2) Alle Schüler wohnen in der Schule.

(3) Kevin wohnt in der Schule.

(4) Kevins Schule ist in Afrika.

(5) Die Bibliothek ist sehr altmodisch.

(6) Zu Mittag isst Kevin in der Schule.

(7) Kevin kann jederzeit in der Schule einen Snack kaufen.

(8) Man kann am Nachmittag in der Schule schwimmen.

(9) Diese Schule besucht Kevin gern.

(10) Kevin trägt keine Schuluniform.

Ich besuche eine kleine, gemischte Internatsschule. Es gibt nur 250 Schüler: 150 leben im Internat, und 100 sind Tagesschüler aus der Nähe. Ich bin Internatsschüler, weil meine Eltern in Afrika arbeiten.

Die Schule ist alt aber schön. Die Bibliothek hat man total modernisiert. Hier gibt es die modernste Kommunikationstechnologie, also nicht nur Bücher sondern auch PCs mit Internetzugang.

Wir nehmen alle Mahlzeiten in dem großen Speisesaal ein. Da isst man gut, finde ich. Leider haben wir noch keinen Kiosk, und das ist eigentlich schade.

Die Sportnachmittage finde ich toll, weil wir eine moderne Turnhalle und ein neues Hallenbad haben. Abends findet oft ein Schauspiel in unserem Theater statt. Hier ist immer viel los!

Schuluniform gibt es nicht bei uns aber wir tragen keine Jeans. Die meisten Schüler tragen eine Hose, ein T-Shirt oder ein Hemd und einen Pulli oder so.

Kevin

⭐ Top-Tipp

Kein means 'not a' or 'not any'. It is used instead of '*nicht ein*'. It behaves just like '*ein*', but it also has a plural form:

	m	f	n	pl
Nominative	*kein*	*keine*	*kein*	*keine*
Accusative	*keinen*	*keine*	*kein*	*keine*
Dative	*keinem*	*keiner*	*keinem*	*keinen*

m *Es gibt **keinen** Kiosk.*
There isn't a tuck shop.

f *Wir tragen **keine** Schuluniform.*
We do **not** wear a school uniform.

n *Unsere Schule hat **kein** Sprachlabor.*
Our school does **not** have a language lab.

pl *Meine Schule ist eine Mädchenschule, es gibt **keine** Jungen.*
My school is for girls; there aren't **any** boys.

b Beantworte diese Fragen auf Deutsch.

(1) Was für eine Schule besucht Angelika?

(2) Wie ist die Schule?

(3) Was hat die Schule?

(4) Was machen die Schüler zu Mittag?

(5) Wie groß ist die Schule?

(6) Was trägt Angelika in der Schule?

Ich besuche eine sehr moderne, relativ große Gesamtschule. Die Gebäude sind alle nagelneu! Für den Unterricht gibt es viele Fachräume: Wir haben zum Beispiel ein Sprachlabor für Fremdsprachen. Für den Nachmittag haben wir eine große Sporthalle und vier Tennisplätze. Im Moment haben wir kein Schwimmbad.

Weil die Schule ganztags ist, gibt es eine Mensa. Hier essen Schüler und Lehrer zu Mittag. Für den kleinen Hunger haben wir auch ein Café.

Meine Schule ist gemischt und wir haben 750 Schüler. Es gibt etwa 40 Lehrer.

Bei uns gibt es keine Schuluniform. Normalerweise trage ich Jeans aber manchmal trage ich einen Rock, ein T-Shirt und eine Jacke.

Ich gehe sehr gern in meine Schule.

Angelika

2 Macht Dialoge.

A Was für eine Schule besuchst du?

B *Ich besuche eine Realschule.*

A Wie groß ist deine Schule?

B *Es gibt 1000 Schüler und Schülerinnen und 80 Lehrer und Lehrerinnen.*

A Und wie ist deine Schule?

B *Sie ist gemischt und modern. Wir haben eine neue Bibliothek aber leider kein Schwimmbad.*

A Trägst du eine Schuluniform?

B *Ja, wir tragen eine Schuluniform. Ich trage einen schwarzen Rock, ein weißes Hemd und einen schwarzen Pulli. Die Uniform finde ich schrecklich!*

Wie heißt es auf Englisch? Schlage im Wörterbuch nach.

A die Gesamtschule
die Privatschule   das Gymnasium
das Internat   die Hauptschule
die Grundschule   die Realschule

B die Raucherecke   der Schulhof
die Bibliothek   der Speisesaal
die Aula   die Mensa   der Kiosk

3 Was finden Christoph, Lara und Lukas positiv an der Schule? Und was finden sie negativ?

Mach Notizen.

	Schultyp	Positiv ☺	Negativ ☹
Christoph			

4 Beschreibe deine Schule. Schreib ein paar Sätze über die Schulgebäude, die Lehrer und Schüler und die Uniform usw.

2 ...und das ist mein Stundenplan

> ☑ Talk about your school day
> ☑ Revise subordinating conjunctions (*weil, obwohl*)

STUNDENPLAN

	Montag	Dienstag	Mittwoch	Donnerstag	Freitag
8.20–9.05	Mathe	Deutsch	Kunst	Physik	Chemie
9.10–9.55	Mathe	Englisch	Kunst	Bio	Chemie
10.10–10.55	Sport	Physik	Deutsch	Englisch	Geschichte
11.00–11.45	Franz	Mathe	Deutsch	Englisch	Bio
12.00–12.45	Reli	Musik	Sport	Franz	Erdkunde
12.50–13.35		Musik	Mathe		
	Foto-AG				

1 📖 Bitte sieh dir Timos Stundenplan an und beantworte die Fragen.

(1) Wann beginnt Timos Schultag?
(2) Wie viele Stunden hat Timo am Dienstag?
(3) Wann kann Timo am Freitag nach Hause gehen?
(4) Welches Fach hat Timo am Montagmorgen in den ersten zwei Stunden?
(5) Wie viele Stunden Mathematik hat Timo in der Woche?
(6) Welche Fremdsprachen lernt Timo?

2 💬 Macht weitere Fragen zu Timos Stundenplan. Bitte wechselt euch ab.

Beispiel A Wann hat Timo Musik?
B *Am Dienstag in der 5. und 6. Stunde/ von 12.00 bis 13.35 Uhr.*
B Wann endet Timos Schultag am Freitag?
A *Timos Schultag endet am Freitag um 12.45.*

3 🎧 📖 Bitte hör zu und lies mit.

Rachel Hallo Timo, wo gehst du zur Schule?
Timo *Ich gehe aufs Schiller-Gymnasium in die 10. Klasse.*
Rachel Und wann beginnt dein Schultag?
Timo *Der Unterricht beginnt um 8.20 morgens.*
Rachel Oh, das ist früh, das finde ich nicht gut, weil ich nicht gern früh aufstehe. Unser Schultag in England beginnt um 9.00.
Timo *Unser Schultag endet um 13.35 und deiner?*
Rachel Wir gehen erst um 15.15 nach Hause. Wir haben eine lange Mittagspause, weil wir in der Schule essen.
Timo *Wir haben zwei Pausen um 9.55 und um 11.45. Sie sind 15 Minuten lang. Dann esse ich einen Apfel oder ein Butterbrot. Ich esse mittags zu Hause etwas Warmes.*
Rachel Kommst du jeden Tag um 13.35 nach Hause?
Timo *Nein, am Donnerstag und Freitag bin ich schon um 12.45 fertig. Am Montag auch, aber*

ich bleibe in der Schule, weil ich noch Foto-AG habe.

Rachel   Was ist das?

Timo   *Das ist eine freiwillige Arbeitsgemeinschaft. Wir entwickeln Fotos. Das finde ich interessant, obwohl ich nicht so gut fotografieren kann.*

Rachel   Hast du ein Lieblingsfach?

Timo   *Ja, Chemie, weil die Experimente interessant sind und auch Englisch. Freitag ist mein Lieblingstag, da haben wir eine Doppelstunde Chemie. Und dein Lieblingsfach?*

Rachel   Ich mag Musik, weil ich gern Klavier spiele.

a   **Bitte such die Nebensätze in diesem Text und schreib sie auf.**

Beispiel   *...weil ich nicht gern früh aufstehe*

b   **Bitte lies den Dialog noch einmal und suche die passenden Wörter für die Lücken und schreib sie auf.**

Rachels _____ endet um 15.15. Die englischen Schüler essen in der Schule und haben eine lange _____ . Die Foto-AG ist kein Schulfach für Timo, sie ist eine _____ nach dem Unterricht. Timos _____ ist Chemie und am Freitag hat er eine _____ . Deshalb ist der Freitag sein _____ . Rachel mag am liebsten _____ .

4   **Bitte macht Sätze. Nehmt einen Satz aus Kasten A und einen Satz aus Kasten B und kombiniert die Sätze mit „weil" (*because*) oder „obwohl" (*although*).**

Bitte wechselt euch ab.

Beispiel   A   *Ich mache gern Physik, weil der Lehrer nett ist.*
           B   *Kunst gefällt mir,...*

Top-Tipp   Don't forget...

If you link two sentences with a subordinating conjunction (e.g. *weil, obwohl, dass, wenn*), the changeable part of the verb goes to the end of the subordinate clause.

e.g. *Ich mache gern Physik, **weil** der Lehrer nett **ist**.*

> **A**   Deutsch finde ich langweilig
> Englisch ist super   Sport hasse ich
> Mathe finde ich wichtig
> Kunst gefällt mir   Ich mag Bio
> Ich mache gern Physik
> Musik gefällt mir nicht

> **B**   Malen mit Ölfarben macht Spaß
> Es ist interessant   Ich lese nicht gern
> Ich höre gern englische Rockmusik
> Ich bin nicht so gut   Der Lehrer ist nett
> Ich spiele ganz gut Violine
> Ich spiele gern Fußball

5   **Schreib einige Sätze über deinen Schultag. Was hast du gern/nicht gern und warum?**

Ich gehe auf die _____ Schule. Der Schultag beginnt um _____ . Mein Lieblingsfach ist _____ , weil _____ .

_____ mag ich nicht, weil _____ . Am _____ habe ich noch _____ AG nach der Schule...

6   **Bitte hör zu und schreib die Information auf.**

Person	Lieblingsfach	Schultag von...bis?	Große Pause wann?	Was ist positiv? (warum?)	Was ist negativ? (warum?)
Steffen					
Kerstin					
Marius					
Lisa					
Peter					

der Kiosk

3 Was ich heute gemacht habe...

1 📖 **Bitte sieh dir Timos Stundenplan auf der Seite 36 an.**
Jetzt lies diese E-mail von Timo.

Hallo Lara!

Hoffentlich geht's dir gut!

Heute ist Montag, also schon wieder Schule nach dem schönen Wochenende.

Heute Morgen habe ich zuerst eine Doppelstunde Mathe gehabt. Ich bin nicht so begabt in Mathe aber ich habe mir große Mühe gegeben, alles richtig zu machen. In der Pause habe ich am Kiosk einen Snack gekauft: Ich habe ein Brötchen gegessen und einen Orangensaft getrunken. Ich habe auch auf dem Schulhof mit meinen Freunden geplaudert. Nach der Pause habe ich eine Stunde Sport gehabt: Wir haben in der Turnhalle Fußball gespielt, weil es draußen geregnet hat. Es hat enorm viel Spaß gemacht. Danach habe ich in der Französischstunde fleißig gearbeitet und wirklich viel gelernt. In der Religionsstunde habe ich auch viel geleistet.

Wir schreiben nächste Woche nämlich Klassenarbeiten und ich möchte gute Noten im Zeugnis bekommen, damit ich nicht sitzen bleiben muss. Meine Schwester hat letztes Jahr gar nicht gelernt und hat keine guten Noten im Zeugnis bekommen. So bleibt sie dieses Jahr sitzen, das heißt sie ist zum zweiten Mal im Jahrgang 10 und muss den gleichen Stoff wiederholen.

Zu Mittag habe ich noch ein Brötchen gegessen und am Nachmittag habe ich die Foto-AG gehabt. Da habe ich mich gut amüsiert und ganz viele Fotos gemacht. Mein Schultag hat um halb drei geendet. Zu Hause habe ich meine Hausaufgaben gemacht und nochmals für die Klassenarbeiten gelernt. So ein Stress!

Und du? Was hast du heute alles gemacht?

Dein Timo

🔲 Talk about events in the past
🔲 Use the perfect tense of verbs with *haben*

🔍 Unter der Lupe

Das Perfekt (1) *(the perfect tense)*

To talk about events in the past you need to:

- use expressions of time
  e.g. *heute Morgen* this morning
  letztes Jahr last year
  gestern yesterday

- use the perfect tense

You need two parts to make the perfect tense:
- the correct form of *haben*
- the **past participle**

ich	*habe*	*wir*	*haben*
du	*hast*	*ihr*	*habt*
er/sie/es	*hat*	*sie*	*haben*
Sie	*haben*	*Sie*	*haben*

To form the past participle of regular verbs:
- take the infinitive, e.g. *kaufen*
- cross off the *-en* at the end and add *-t*
- add *ge-* to the beginning of the word

So the past participle of *kaufen* is *gekauft*: *gekaufent*. The past participle *always* stays the same.

(1) Look at Timo's description of his day in the e-mail. Find all the regular past participles.

(2) What happens to the verbs *arbeiten*, *enden* and *leisten*? Why do you think this happens?

(3) Have you noticed where the past participle stands in the sentence?

Unter der Lupe

Das Perfekt (2) (*the perfect tense continued*)

Some verbs have irregular past participles: they still have *ge-* at the beginning but they have *-en* at the end rather than *-t*:

    e.g. infinitive = *geben*
        past participle = *gegeben*

Sometimes the vowel changes as well:

    e.g. infinitive = *trinken*
        past participle = *getrunken*

There is a full list of all these irregular past participles on pages 156–157.

(1) Look at Timo's e-mail again. Can you spot any of these irregular past participles?

Verbs that begin with *be-*, *emp-*, *ver-* or that end in *-ieren* do not add *ge-* at the beginning to form the past participle. They end in *-t* or *-en* depending on whether they are regular.

(2) Can you find the two examples of such verbs in Timo's e-mail?

(3) Make a list of all examples of the perfect tense in Timo's e-mail.

2   Bitte bilde Sätze im Perfekt.

Beispiel
Ich – kaufen – gestern – Schokolade.
Ich habe gestern Schokolade gekauft.

(1) Er – spielen – in der Sportstunde – Fußball.
(2) Wir – surfen – in der Pause – im Internet.
(3) Ich – essen – zu Mittag – in der Kantine.
(4) Du – lernen – heute – Physik?
(5) Ich – lesen – gestern – Zeitschriften.
(6) Sie – telefonieren – in der zweiten Pause – mit ihrem Freund.
(7) Ihr – bekommen – im Zeugnis – gute Noten?
(8) Meine Eltern – sprechen – am Elternabend – mit den Lehrern.
(9) Wir – sehen – in Erdkunde – einen Dokumentarfilm.
(10) Die erste Stunde – beginnen – am Dienstag – um zwanzig nach acht.

3   Hör bitte zu. Was hat Elizabeth heute gemacht?
Setz diese Bilder in die richtige Reihenfolge.

4   Beschreib deinen Schultag von gestern.

Beispiel

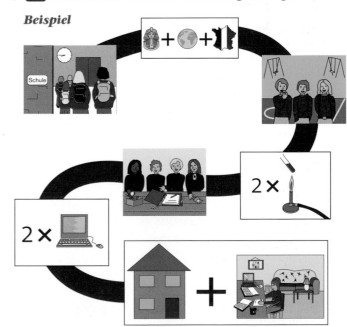

5   Schreib jetzt eine E-mail an Timo über deinen Schultag von heute oder gestern.

4 Ich bin zu spät gekommen...

☑ Continue talking about the past

☑ Learn how to use verbs of movement in the perfect tense

☑ Learn how to use separable verbs in the perfect tense

Ich bin zu spät aufgestanden.

Mein Zug ist schon abgefahren.

Ich bin mit dem Bus gefahren.

Ich bin zum Chemieraum gegangen.

Ich bin zur Turnhalle gerannt.

Ich bin zu spät gekommen.

Ich bin im Musikraum gewesen.

1 📖 **Bitte sieh dir die Sätze oben und das Partizip Perfekt an. Kannst du die Infinitive finden?**

Beispiel   *abgefahren – abfahren*

🔍 **Unter der Lupe**   Das Perfekt mit *sein* (the perfect tense with sein)

Most verbs form the perfect tense with *haben*. However, some verbs need *sein* to form the perfect tense:

- verbs of movement (e.g. *gehen, fliegen, fahren*)
- verbs that indicate a 'change of state' (e.g. *aufwachen*/to wake up, *einschlafen*/to go to sleep)
- *bleiben* (to stay)

Below is a reminder of the verb *sein* in full:

ich	bin	wir	sind
du	bist	ihr	seid
er/sie/es	ist	sie	sind
Sie	sind	Sie	sind

Most of the participles of verbs of movement are not regular as you saw in Übung 1, so you have to learn them. For the full list see pages 156–157.

Look at these example sentences:

*Ich **bin** nach Hamburg **geflogen**.*
I have flown to Hamburg.

*Wir **sind** ins Theater **gegangen**.*
We have gone to the theatre.

*Er **ist** mit dem Auto **gefahren**.*
He has gone by car.

*Du **bist** zu Hause **geblieben**.*
You have stayed at home.

Did you spot that the extra information in the sentence is placed between the form of *sein* and the participle? This is the same as with the verbs that use *haben*.

2 🗣️ 🏫 Bitte macht sinnvolle Sätze und wählt die richtige Form von *sein*.

ich	(sein)	zur Schule	gerannt
du		nach Berlin	gekommen
er/sie/es		zur Turnhalle	gefahren
Sie		zum Bahnhof	gegangen
wir		zu spät	geschwommen
ihr		mit dem Bus	geflogen
sie		im Schwimmbad	geklettert
Sie		zu Fuß	geblieben
		zum Lehrerzimmer	

3 🎧 Bitte hör zu. Wem ist was passiert?

Beispiel

A	was late for school	
B	teacher was angry	
C	took the bus	
D	walked to school	1
E	had swimming at school	
F	ran to the chemistry lab	
G	nearly went to sleep	

4 📖 Bitte setz die Sätze in die richtige Reihenfolge.

(1) *Der Bus ist schon um 7.48 abgefahren.* 5
(2) *Frau Müller, seine Französischlehrerin, ist sehr ärgerlich gewesen.* 9
(3) *Steffen ist heute zu spät aufgestanden.* 2
(4) *Er hat schnell gefrühstückt und nur eine Scheibe Toast ohne Butter gegessen.* 3
(5) *Sein Wecker ist kaputt.* 1
(6) *Er ist aus dem Haus gerannt.* 4
(7) *Steffen ist zu Fuß zur Schule gegangen.* 7
(8) *Steffen ist um 7.50 an der Bushaltestelle angekommen.* 6
(9) *Er ist zu spät zur Französischstunde gekommen.* 8

🔍 Unter der Lupe

Trennbare Verben im Perfekt
(*separable verbs in the perfect tense*)

Separable verbs take either *haben* or *sein* to make the perfect tense, depending on their meaning:

- *einschlafen, aufwachen, ankommen, abfahren* etc. all depict a change of state or a movement and take *sein*.
- *einkaufen, anrufen, anschauen, aufhören* etc. take *haben* to form the perfect tense.

The usual perfect prefix *ge-* is put in the middle of the separable verb and not at the beginning:

> *aufwachen – auf**ge**wacht*
> *einkaufen – ein**ge**kauft*

The handy thing is that any irregular verbs stay equally irregular as part of a separable verb.

> *kommen – **gekommen***
> *ankommen – an**gekommen***
> *schlafen – **geschlafen***
> *einschlafen – ein**geschlafen***

***Haben* or *sein*? Choose the correct verb form.**

(1) Timo ____ erst um 8 Uhr aufgewacht.
(2) Meine Mutter ____ in der Schule angerufen.
(3) In Biologie ____ wir einen Film angeschaut.
(4) Der Schulbus ____ zu spät abgefahren.
(5) Ich ____ in Deutsch fast eingeschlafen, weil es so langweilig war.
(6) Nach der Schule ____ Kerstin und ich eingekauft.
(7) Auf der Klassenfahrt ____ wir spät in der Jugendherberge angekommen.
(8) Die Kunststunde ____ schon um 12 Uhr aufgehört.

5a 🏫 Bitte schreib Steffens Geschichte auf.

Beispiel   *Steffen ist heute zu spät aufgestanden...*

b 🏫 Wann bist du zu spät gekommen? Bitte schreib deine Geschichte auf.

Beispiel   *Letzte Woche/Am Dienstag bin ich zu spät aufgestanden...*

Vokabular

Ich besuche/gehe auf…	I attend/go to…
…die Hauptschule/die Realschule.	…secondary school.
…das Gymnasium.	…grammar school.
…die Gesamtschule.	…comprehensive school.
…eine Privatschule.	…a private school.
…ein Internat.	…a boarding school.

Die Schule hat…	The school has…
…(k)einen Kiosk/(k)eine Aula/	…(not) got a tuck shop/a school hall/
(k)eine Raucherecke.	a smoking area.
…einen Schulhof/eine Turnhalle/	…got a playground/a sports hall/
eine Bibliothek/ein Lehrerzimmer.	a library/a staffroom.

Das ist mein Stundenplan.	This is my timetable.
Ich habe viele Schulfächer.	I have many school subjects.
Mein Lieblingsfach ist…	My favourite subject is…
…Biologie/Chemie/Physik/	…biology/chemistry/physics/
Geschichte/Erdkunde/Kunst.	history/geography/art.
Meine Lieblingsfächer sind…	My favourite subjects are…
…Fremdsprachen/Mathematik.	…foreign languages/maths.
Sport/Musik/Englisch	I do (not) like
mag ich (nicht).	PE/music/English.

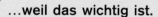

Mein Lieblingsfach ist…,	My favourite subject is…
…weil der Lehrer nett ist.	…because the teacher is nice.
…weil wir viele Experimente machen.	…because we do many experiments.
…weil ich in…begabt bin.	…because I am good at…
…weil wir immer eine Doppelstunde haben.	…because we always have a double lesson.
…weil das wichtig ist.	…because it is important.
Ich hasse…,	I hate…
…weil die Lehrerin streng ist.	…because the teacher is strict.
…weil ich das langweilig finde.	…because I find it boring.
…weil ich in diesem Fach nicht gut bin.	…because I am not good at this subject.
…mag ich nicht,	I don't like…
weil ich immer eine schlechte Note bekomme.	because I always get a bad mark.

Der Wecker klingelt um 6.45 Uhr.	The alarm goes off at 6.45.
Ich gehe um 7.30 Uhr zur Bushaltestelle.	I go to the bus stop at 7.30.
Der Unterricht beginnt um 8.20 Uhr.	Lessons start at 8.20.
Die Schule endet um 13.30 Uhr.	School finishes at 1.30.
Mittags esse ich zu Hause.	At lunchtime I eat at home.
In der großen Pause…	In the long break…
…esse ich ein Butterbrot/	…I eat a sandwich/
plaudere ich mit meinen Freunden.	chat to my friends.
Nach der Schule gehe ich manchmal zur	After school I sometimes go to
Foto-AG/zum Sport.	the photo club/do sports.

Ich trage/er, sie trägt (k)eine Schuluniform.	I wear/he, she wears (no) school uniform.
Wir schreiben viele Klassenarbeiten.	We take many tests.
Wir bekommen meistens Hausaufgaben.	We usually get homework.
Wir machen jedes Jahr eine Klassenfahrt.	We go on a school trip every year.

Was hast du gemacht?	What did you do?
Ich habe einen Apfel gegessen.	I ate an apple.
Ich habe Wasser getrunken.	I drank water.
Ich habe nach der Schule Tennis/Fußball gespielt.	I played tennis/football after school.
Ich habe viele Vokabeln gelernt.	I learned a lot of vocabulary.

Letztes Jahr bin ich sitzen geblieben.	Last year I had to repeat the year.
Heute bin ich zu spät gekommen.	Today I arrived too late.
Ich bin mit dem Schulbus gefahren.	I went by school bus.
Ich bin im Physikraum gewesen.	I was in the physics lab.

Meine Mutter hat den Lehrer angerufen.	My mother phoned the teacher.
Ich habe einen Film angeschaut.	I watched a film.
Gestern hat der Schultag erst	Yesterday school didn't
um 15.00 aufgehört.	finish until 3 p.m.
Am Nachmittag habe ich eingekauft.	In the afternoon I went shopping.
Ich bin erst um 7.15 aufgewacht.	I didn't wake up until 7.15.
Dann bin ich schnell aufgestanden.	Then I got up quickly.
Der Bus ist schon um 8 Uhr abgefahren.	The bus left already at 8 o'clock.

1 Was soll ich werden?

☑ Learn how to describe different jobs

☑ Learn about masculine and feminine job titles

☑ Learn how to use sentences with *um...zu*

1 📖 🏔 **Welcher Beruf ist das? Was passt zusammen? Schreib Sätze.**

Tierarzt
Verkäufer
Bankkauffrau
Automechanikerin
Architekt
Polizistin

Beispiel   *Frau Möller ist Polizistin.*

Ich mache Designs für ganz moderne Wohnhäuser mit viel Glas.
   Die Häuser sind auf dem Land oder auch im Zentrum der Stadt. Ich habe ein Büro in meinem Haus. Ich arbeite mit dem Computer, denn es gibt sehr gute Programme.

Franz Kunze

Tiere habe ich schon immer gern gehabt. Zu Hause hatten wir drei Hunde und viele Katzen. In den Ferien habe ich in einem Tierheim gearbeitet, um Erfahrung zu sammeln und später bessere Chancen an der Universität zu haben. Jetzt habe ich schon seit 5 Jahren meine eigene Praxis. Es gibt so viele verschiedene Probleme und es wird nie langweilig.

Dr. Thomas Becker

Ich habe mich schon immer für Technik interessiert und meine Freunde haben mich ausgelacht. Das ist mir egal. Der Porsche ist mein Lieblingsauto. Wenn ich viel Geld habe, werde ich mir einen kaufen. Mein Beruf ist auch mein Hobby, super nicht? Man muss viel Geduld haben, um Autos zu reparieren.

Maria Platt

In meinem Beruf gibt es viel Stress und viel Schichtarbeit. Ich arbeite entweder in der Frühschicht von 6 Uhr bis 14 Uhr oder in der Spätschicht, dann komme ich erst um 22 Uhr nach Hause. Einmal pro Monat muss ich drei Nächte Nachtschicht machen. Wir müssen 24 Stunden erreichbar sein, um den Menschen zu helfen.

Renate Brink

Ich arbeite in einem großen Elektrogeschäft. Ich berate die Kunden, um für sie den besten Computer, die beste Digitalkamera oder den besten DVD-Spieler auszuwählen. Manche Kunden möchten viel Geld ausgeben und andere weniger, aber bei uns gibt es viel Auswahl.

Jens Fink

Wir haben viele Kunden. Sie möchten Information über ihr Konto, brauchen Geld, um ein Haus zu kaufen oder nur eine neue Scheckkarte. Ich arbeite von 9.30 bis 12.30 an meinem Schalter, nachmittags arbeite ich in einem Büro der Bank oder habe Termine mit Kunden.

Frau Hansen

🔍 Unter der Lupe   Berufsbezeichnungen (*job titles*)

In German every job title has a feminine form.

- Usually you just add *-in* to the masculine form.
  - *der Designer – die Designerin*
  - *der Musiker – die Musikerin*

- When there is *-mann* at the end of the word for the masculine job title, it turns into *-frau* for a woman.
  - *der Geschäftsmann – die Geschäftsfrau*

- Sometimes when there is an '*a*' or an '*o*' in the word for the masculine job title, the '*a*'/'*o*' nearest the end is turned into '*ä*'/'*ö*' in the feminine form, as it is easier to pronounce the word that way.
  - *der Arzt – die Ärztin*
  - *der Rechtsanwalt – die Rechtsanwältin (solicitor)*

Note: You do not need an article to talk about your job.
Ich bin Polizistin. I am a policewoman.
Er ist Architekt. He is an architect.

2 📖 🏫 **Bitte suche die Maskulin-/Femininformen für die Berufe in Übung 1 und für die folgenden Berufe:**

die Journalistin
die Dolmetscherin   der Programmierer
der Zahnarzt   die Köchin   der Lehrer   der Kassierer
die Politikerin   die Ingenieurin   der Pilot
der Informatiker

Schau die Wörter, die du nicht kennst, im Wörterbuch nach und schreib eine Liste.

Beispiel der Tierarzt/die Tierärztin = vet

3 📖 🏫 **Bitte lies die Texte von Übung 1 noch einmal. Welches Wort passt?**

Schichtarbeit ·   Programme
Erfahrung ·   Praxis ·   beraten ·   Auswahl
Termine ·   Schalter   Kunden ·   Geduld
Computer

(1) Frau Hansen hat viele _____ mit ihren _____ .
(2) Dr. Becker hat in den Ferien _____ gesammelt und hat jetzt seine eigene _____ .
(3) Für seine Designs hat Franz gute _____ .
(4) Maria muss viel _____ haben.
(5) Renate Brink hat nur _____ .
(6) Jens Fink muss seine Kunden _____ .
(7) In dem Elektrogeschäft gibt es viel _____ .

4 💬 **Bitte macht passende Sätze. Arbeite mit einem Partner.**

Briefträger
Informatiker   Physiotherapeut
Köchin   Sänger   Krankenschwester
Frisör   Kassierer   Journalist
Sekretärin

Beispiel Ich möchte *Stewardess* werden, _____ .

um Artikel für die Zeitung zu schreiben
um in einem berühmten Salon zu arbeiten
um viel mit Computern zu machen
um kranke Sportler zu behandeln
um viele Menschen zu treffen
um an der frischen Luft zu sein
um gutes Essen zu kochen
um Opern zu singen

🔍 *Unter der Lupe*

Nebensätze mit „um...zu"
(*subordinate clauses with 'um...zu'*)

If you want to say that you are doing something in order to achieve something, you use a construction with *um...zu* followed by the infinitive.

*Ich möchte Dolmetscher werden, **um** im Ausland **zu** arbeiten.*

I want to be an interpreter, in order to work abroad.

Note: If you are using a separable verb, the *zu* is put between the prefix and the main verb.

*Ich fahre nach London, um Kleidung ein**zu**kaufen.*

I go to London in order to shop for clothes.

5 🏫 **Bitte schreib jetzt drei Sätze auf und mach drei neue Sätze, vielleicht für deinen Traumberuf.**

6 💬 🏫 **Sprich mit einem Partner und schreib einen Dialog auf.**

A Was möchtest du werden?
B *Ich möchte _____ werden.*
A Warum?
B *Ich möchte _____ werden, um _____ zu _____ .*
A Und was möchtest du noch?
B *Ich möchte die Welt sehen/viele Leute treffen/mit Computern arbeiten...*
Und du, was möchtest du werden?
A _____

7 🎧 **Wer sagt was?**

Beispiel (1) Peter

(1) Would like to earn a lot of money and have lots of holidays.
(2) Loves children, especially small ones.
(3) Is really interested in maths and science and would like a job in that field.
(4) Would like something practical, has lots of patience and likes electrical things.
(5) Wants regular workhours, no shift work and no stress.
(6) Likes working outdoors and is looking for a job outside, but not in the building industry.

2 Mein Arbeitspraktikum

☑ Talk about your forthcoming work experience week

☑ Use expressions of time to talk about future intent

1 📖 Lies bitte diese Texte.

Ich habe vor, nächstes Jahr ein Arbeits-praktikum in einer Autowerkstatt zu machen. Ich interessiere mich wahnsinnig für Autos: Mein Lieblingsauto ist ein VW Käfer. Ich muss wohl Kaffee kochen und Autos waschen aber ich lerne hoffentlich auch, wie man Autos repariert.

Christoph

Mein Betriebspraktikum mache ich nächste Woche in einer Buchhandlung. Ich bin eine leiden-schaftliche Leseratte! Ich muss Kunden bedienen und sie beraten, wenn sie etwas Bestimmtes suchen. Ich habe vor, viele Bücher zu verkaufen! Die Auswahl ist ja schon enorm.

Helga

Nächsten Monat mache ich mein Arbeitspraktikum in einem Kindergarten. Nach der Schulzeit hoffe ich als Au-pair zu arbeiten, also brauche ich jetzt Erfahrungen. Ich bin sehr gern mit Menschen zusammen und ich freue mich darauf, mit den Kindern zu spielen und den Lehrern zu helfen.

Lukas

Weil ich mich sehr fürs Geld interessiere, habe ich die Absicht, mein Betriebspraktikum bei einer Bank zu erledigen. Hier lerne ich viel: Vielleicht arbeite ich mit einem Kollegen am Schalter, ich helfe den vielen Kunden, oder ich beantworte das Telefon usw.

Jens

Ende Mai mache ich ein Arbeitspraktikum bei einem Tierarzt. Ich freue mich darauf, weil ich Tiere unheimlich gern habe. In den letzten Sommerferien habe ich in einem Tierheim geholfen, um Erfahrungen zu sammeln. Wahrscheinlich lerne ich beim Tierarzt, die Tiere richtig zu behandeln.

Lara

a Wo machen diese Jugendlichen ihr Arbeitspraktikum? Finde das passende Bild für jede Person.

Name	Wo?	Warum?	Aufgaben?
Christoph	Autowerkstatt	interessiert sich für Autos	Autos waschen

b Was sind ihre Pläne? Mach jetzt Notizen.

2 📝 Schreib jetzt ein paar Sätze über deine Pläne für das Arbeitspraktikum.

⭐Top-Tipp — Talking about your future plans

Ich habe vor,...	*nächste Woche*	*wahrscheinlich*
Ich hoffe,...	*nächsten Monat*	*vielleicht*
Ich habe die Absicht,...	*nächstes Jahr*	*wohl*
Ich freue mich auf...	*im Mai*	*hoffentlich*
	morgen	
	in 2 Tagen	

Zurück Vorwärts Abbrechen Aktualisieren Startseite Auto-Ausfüllen Drucken E-Mail

Adresse: @ http://www.sprachferien.at/DeutschArbeitspraktikum   > Explorer

Arbeitspraktikum in Wien

- **Willst du deine Deutschkenntnisse verbessern, deinen Wortschatz erweitern und dich besser in der Fremdsprache ausdrücken?**
- **Möchtest du Einblick in die Welt der Arbeit bekommen?**

Wir bieten folgende Bereiche für eine Praktikumsstelle in Wien an:

- **Tourismus: Restaurants, Hotels, Freizeit- bzw. Sportzentren, Reitställe**
- **Geschäfte: Musikladen, Sportgeschäft, Buchhandlung, Reisebüros**
- **Erziehung/Sozialbereich: Kindergärten, Volksschulen, Altersheime**
- **Landwirtschaft: Gartencenter, Bauernhof**
- **Büro**

Du wohnst bei einer netten Gastfamilie mit Vollpension. (Das ist die beste Art, Deutsch zu sprechen und Land und Leute besser kennen zu lernen!)

Hättest du Interesse daran, eine Gratisbroschüre zu bekommen? Gib bitte deine Interessen und Pläne an, damit wir dir entsprechende Infomaterialien schicken können.

Internet zone

---

3 📖 **Lies bitte diese Werbung aus dem Internet.**

Answer the following questions in English.

(1) Give two reasons, according to the advert, why you might want to go to Vienna.

(2) What accommodation is on offer?

(3) What advantage does this accommodation have?

(4) What opportunities are there for someone who likes sport?

(5) What could they offer you if you were not sporty but liked being outdoors?

(6) How could you obtain further information?

4 🎧 **Hör bitte zu. Was macht Elizabeth in Wien? Mach Notizen.**

(1) Arbeitspraktikum: wann? für wie lange? wo? warum?

(2) Gründe für den Aufenthalt in Wien?

(3) Arbeitsstunden?

(4) Aufgaben?

(5) Geld: was bekommt Elizabeth?

(6) Freizeitaktivitäten?

(7) Unterkunft?

(8) Meinung?

5 💬 **Mach jetzt eine Präsentation über dein Arbeitspraktikum. Du sollst erwähnen:**

wann   für wie lange   wo   warum   Aufgaben

3 Nach dem Praktikum

☑ Talk about your work experience in the past

„Na, wie war's? Was hast du gemacht?"

1 📖 **Kevin schreibt einen Bericht über sein Arbeitspraktikum für die Schulzeitung.**

Ich habe 2 Wochen lang ein sehr interessantes Arbeitspraktikum in einer Metzgerei in England gemacht. Ich habe mich auf das Betriebspraktikum gefreut und es hat wirklich viel Spaß gemacht. Ich habe mein Englisch verbessert, weil ich so viel Englisch gesprochen habe. Ich habe auch gute Erfahrungen für meinen Traumberuf als Metzger gesammelt.

Die Stunden waren aber lang: Mein Arbeitstag hat schon um 9 Uhr morgens begonnen und hat erst um 6 Uhr abends geendet. Zu Mittag habe ich bloß eine Stunde Pause gehabt.

Die Arbeit war abwechslungsreich aber schon anstrengend: Im Geschäft habe ich die Kunden bedient und manchmal habe ich an der Kasse gearbeitet. Mindestens achtmal täglich habe ich Tee gekocht! Ich habe auch abgewaschen.

Ich habe von Dienstag bis Samstag gearbeitet. Abends bin ich zu müde gewesen, um etwas zu unternehmen. Am Sonntag und am Montag hatte ich frei: So habe ich mich ausgeschlafen und die vielen Sehenswürdigkeiten besichtigt.

Meine Kollegen sind freundlich und hilfsbereit gewesen. Sie haben mir viel geholfen. Leider habe ich kein Geld verdient und auch keine Trinkgelder bekommen.

Ich habe mich gut amüsiert und die ganze Erfahrung war toll! Das Praktikum war mir ein bisschen zu kurz: 3 Wochen wären viel besser gewesen.

a Wie war das Arbeitspraktikum?
Was hat Kevin positiv gefunden?
Was hat er negativ gefunden?
Mach Notizen.

Positiv 😊	Negativ 😞
hat Spaß gemacht	

b Füll jetzt bitte dieses Formular aus.

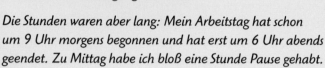

	Arbeitspraktikum der Klasse 10
Name	Kevin Schmidt
Wo?	
Wie lange?	
Grund für dieses Praktikum	
Routine	
Aufgaben	
Kollegen	
Meinung	

2a 🎧 Hör bitte zu.
Magdalena, Evangelos und Angelika sprechen über ihr Arbeitspraktikum.

Was haben sie gemacht?
Was passt zusammen?

b Hör noch einmal zu.
Füll jetzt bitte die Tabelle aus.

Name	Wo?	Warum?	Was (Aufgaben)?	Meinung	Andere Information
Magdalena					

3 💬 Wer ist das?

a *A* beschreibt ein Arbeitspraktikum. *B* rät, welches es ist.

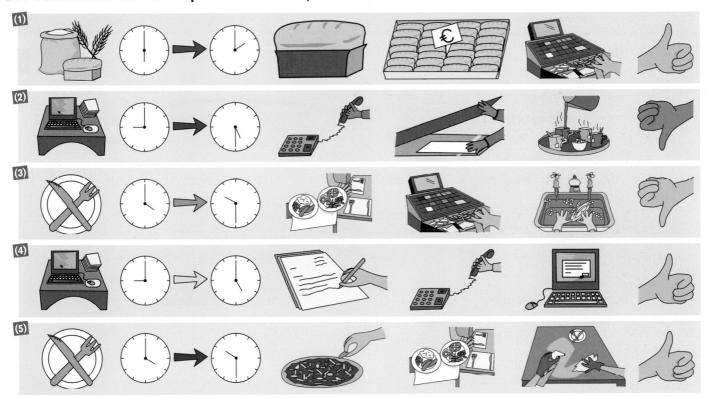

b 💬 Macht jetzt Interviews.

Beispiel A Wo hast du dein Arbeitspraktikum gemacht?   **B** *Ich habe in einem Geschäft gearbeitet.*
             A Was hast du gemacht?   **B** *Ich habe die Kunden bedient.*
             A Wann hast du gearbeitet?   **B** *Ich habe jeden Tag von 09.00 bis 17.30 gearbeitet.*
             A Wie hast du die Arbeit gefunden?   **B** *Ich habe die Arbeit sehr langweilig gefunden.*
             A Wie waren die Arbeitskollegen?   **B** *Die Arbeitskollegen waren sehr freundlich.*

4 🏫 Schreib jetzt einen Bericht über dein Arbeitspraktikum.
Deine Meinung nicht vergessen!

Vokabular

Was soll ich werden?
Ich möchte...
    ...Verkäufer/Verkäuferin
    ...Architekt/Architektin
    ...Lehrer/Lehrerin
    ...Informatiker/Informatikerin
    ...Dolmetscher/Dolmetscherin
    ...Arzt/Ärztin
    ...Frisör/Frisörin
    ...Automechaniker/Automechanikerin
    ...Rechtsanwalt/Rechtsanwältin
    ...Bankkaufmann/Bankkauffrau
    ...Geschäftsmann/Geschäftsfrau
    ...Krankenpfleger/Krankenschwester
...werden.

What shall I be?
I would like to be...
    ...a shop assistant.
    ...an architect.
    ...a teacher.
    ...a computer scientist.
    ...an interpreter.
    ...a doctor.
    ...a hairdresser.
    ...a car mechanic.
    ...a solicitor.
    ...a bank clerk.
    ...a businessman/businesswoman.
    ...a male nurse/a female nurse.

Ich habe vor/ich habe die Absicht...
    ...in Hamburg zu studieren.
    ...eine Ausbildung zu machen.
    ...ein Praktikum zu machen.
    ...in einer Buchhandlung zu arbeiten.
Ich hoffe,...
    ...eine Stelle zu bekommen.
    ...einen Job zu finden.

I intend/I have the intention...
    ...to study in Hamburg.
    ...to do a training course.
    ...to do a work placement.
    ...to work in a bookshop.
I hope...
    ...to get work.
    ...to find a job.

Ich möchte...werden,
    ...um im Ausland zu arbeiten.
    ...um anderen Menschen zu helfen.
    ...um mit Kindern zu arbeiten.
    ...um viel Geld zu verdienen.
    ...um Fremdsprachen zu sprechen.
    ...um an der frischen Luft zu sein.
    ...um viel mit Computern zu machen.

I would like to become a...
    ...in order to work abroad.
    ...in order to help other people.
    ...in order to work with children.
    ...in order to earn a lot of money.
    ...in order to speak foreign languages.
    ...in order to be in the fresh air.
    ...in order to do a lot
with computers.

Wahrscheinlich möchte ich mit Computern arbeiten.	I would probably like to work with computers.
Vielleicht kann ich ein Praktikum im Ausland machen.	Perhaps I can do a work placement abroad.
Hoffentlich macht die Arbeit Spaß.	Hopefully the work is fun.
Ich werde wohl eine Praktikumsstelle bei einem Metzger bekommen.	Presumably I will get a work placement at a butcher's.

Mein Arbeitspraktikum...	My work placement...
...hat viel (keinen) Spaß gemacht/ war interessant/langweilig/ anstrengend.	...was a lot of (no) fun/ was interesting/boring/ exhausting.
Die Arbeit war abwechslungsreich.	The work was varied.
Ich habe...	I have...
...Erfahrungen gesammelt/ einen Einblick in die Arbeitswelt bekommen.	...gained experience/ got an insight into the world of work.
Was hast du gemacht?	What did you do?
Ich war mit Menschen zusammen.	I was (together) with people.
Ich habe Kunden bedient/beraten.	I served/advised customers.
Ich habe den Kindern/den Kranken geholfen.	I helped the children/the sick.
Ich habe viel erledigt.	I dealt with/did a lot.
Ich habe fotokopiert/ Kaffee gekocht/ Autos repariert.	I photocopied/ made coffee/ repaired cars.

Die Arbeitsstunden waren lang.	The working hours were long.
Der Arbeitstag war lang.	The working day was long.
Die Arbeitskollegen waren freundlich/hilfsbereit.	The work colleagues were friendly/helpful.
Ich habe jeden Tag von 9 bis 18 Uhr gearbeitet.	I worked every day from 9 to 6 p.m.
Ich habe viel gelernt.	I learned a lot.
Am Montag hatte ich frei.	Monday was my day off.
Ich habe auch Trinkgeld bekommen.	I also got tips.
Ich habe Schichtarbeit gemacht.	I worked shifts.

1 Wie geht es weiter?

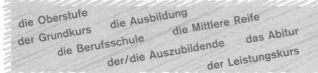

☑ Discuss your plans for after your GCSEs

☑ Learn to use the future tense

1 Hier sind ein paar wichtige Vokabeln. Bitte kombiniere das deutsche Wort mit einem englischen.

die Oberstufe
der Grundkurs   die Ausbildung
die Berufsschule   die Mittlere Reife
der/die Auszubildende   das Abitur
der Leistungskurs

A-levels   training
vocational school   minor subject
major subject
sixth form   trainee   GCSEs (German pupils leaving the Realschule or the Gymnasium at 16)

2 🎧 📖 Bitte hör zu und lies mit.

Lisa Ich werde die Schule verlassen und habe vor, eine Ausbildung als Bankkauffrau zu machen. Ich werde als Auszubildende bei der Sparkasse arbeiten und auch einen Tag in der Woche zur Berufsschule gehen. Das machen die meisten Schüler, die 16 bis 18 Jahre alt sind. Man lernt noch etwas mehr Englisch und auch Fächer, die für einen Beruf wichtig sind.

Elke Ich beabsichtige, mein Abitur zu machen. In der Oberstufe werde ich Chemie und Mathe als Leistungskurse wählen und Englisch und Biologie als Grundkurse. Als Wahlfach werde ich auf jeden Fall Erdkunde wählen, weil ich das interessant finde. Dann werde ich Pharmazie studieren. Hoffentlich sind meine Noten gut genug für einen Studienplatz an der Uni.

Kristian Also ich habe keine Lust mehr. Die Schule ist mir zu langweilig und ich möchte lieber etwas Praktisches lernen. Ich möchte eine Lehre als Automechaniker machen und werde am 1. September als Lehrling in einer VW-Werkstatt anfangen.

Sergej Ich plane, Lehrer zu werden und werde mich für die Hochschule in Köln bewerben, wenn es geht. Ich möchte an einer Hauptschule unterrichten. In der Oberstufe werde ich als Abifächer Deutsch, Sport, Geschichte und Musik nehmen.

3 💬 Wer macht was?

(1) Who wants to do maths as a major subject and hopes to be good enough for a university place?
(2) Who would like to become a teacher?
(3) Who wants to finish formal schooling and work as a car mechanic?
(4) Who wants to train in a bank?

4 🎧 Bitte hör dir den Dialog zwischen Annika und Florian an. Was ist richtig, was ist falsch? Bitte korrigiere die falschen Aussagen.

(1) Annika möchte kein Abitur machen, weil ihr Vater will, dass sie nach der Mittleren Reife arbeitet.
(2) Florian möchte Informatik studieren.
(3) In Deutschland machen mehr Jungen als Mädchen das Abitur.
(4) Mit Abitur hat man bessere Chancen im Beruf.
(5) In Berlin ist die Zahl der Abiturienten relativ hoch.
(6) Nicht alle Abiturienten studieren.
(7) Annika hat in der Zeitung Jobinformationen gefunden.
(8) Sie denkt, dass Kauffrau für Marketingkommunikation der ideale Beruf ist.

5 💬 Macht Dialoge über eure Pläne. Was habt ihr vor?

A Was wirst du nach der Mittleren Reife machen?
B *Ich habe vor, mein Abitur zu machen, und du?*
A Ich werde einen Beruf erlernen.
B *Was wirst du machen und wie lange wird die Ausbildung dauern?*

A Welche Abifächer wirst du wählen?
B *Ich werde ___ als Leistungskurse und ___ als Grundkurse wählen.*

6 📖 Bitte lies den Zeitungstext und kombiniere die Sätze.

(1) Es gibt weniger Männer als Frauen in Deutschland...

(2) In Finnland ist die Abiturientenquote...

(3) In Mecklenburg-Vorpommern...

(4) Viele Abiturienten...

(5) Sehr viele von den Berliner Abiturienten...

(6) Die Zahl der Abiturienten ist in Deutschland...

a ...nicht überall gleich.

b ...wollen studieren.

c ...die ihr Abitur machen.

d ...sehr hoch.

e ...machen eine Berufsausbildung.

f ...machen nur Frauen das Abitur.

g ...gibt es weniger Abiturienten als in Nordrhein-Westfalen.

h ...gibt es viele Studenten.

Berlin — In der Bundesrepublik machen fast 40% aller Schüler Abitur. Die Abiturientenquote liegt bei Frauen höher als bei Männern, das heißt mehr Mädchen machen Abitur. In Finnland machen fast 80% aller Schüler ihr Abitur. Aber auch in Deutschland gibt es große Unterschiede. In Mecklenburg-Vorpommern haben 2003 nur 28% einer Altersstufe ihr Abitur gemacht, aber in Nordrhein-Westfalen waren es in dem Jahr 48%. Viele Abiturienten machen eine Berufsausbildung und studieren nicht. Die höchste Studentenquote ist bei den Schülern aus Berlin.

7 🏠 Bitte schreib eine E-Mail an deine Freundin über deine Pläne nach den GCSEs.

Hallo Bettina,

Nächstes Jahr mache ich meine GCSEs. Ich habe vor
_____ . Ich werde _____ .

Unter der Lupe   Das Futur (*the future*)

When you want to express what you are going to do in the future, you have several options in German:

- You can indicate what you are going to do by using a verb showing your intention (e.g. *Ich beabsichtige, Medizin zu studieren*/I intend to study medicine). This is known as 'future intent'.

- You can use the present tense, but you must indicate a 'time' — *am Donnerstag, im Sommer, nächste Woche* etc. (e.g. *Nächstes Jahr studiere ich Medizin*/Next year I'll study medicine).

- You can use the future tense (*Ich werde Medizin studieren*/I will study medicine).

The future tense is formed from the verb *werden* and the infinitive, with any extra information placed in between *werden* and the infinitive.

ich	werde	*wir*	werden
du	wirst	*ihr*	werdet
er/sie/es	wird	*sie*	werden
Sie	werden	*Sie*	werden

(1) Look again at Übung 2 and find two more examples of 'future intent'.

(2) Look again at Übung 2 and find four examples of the future tense.

(3) Complete these sentences with the correct form of *werden*.

(a) Ich _____ Chemie wählen.

(b) Wir _____ eine Lehre machen.

(c) Du _____ keine Lehrstelle finden.

(d) Ihr _____ zur Berufsschule gehen.

(e) _____ sie (*she*) Englisch in der Oberstufe nehmen?

(f) Er _____ sofort arbeiten.

(4) Change these sentences from the present tense into the future tense.

(a) Sie verlässt die Schule.

(b) Wir lernen für das Abitur.

(c) Ihr sammelt praktische Erfahrung.

(d) Sie verbessert ihr Englisch

(e) Sie nimmt als Wahlfach Sport.

(5) Below are three sentences in the future tense. Choose an expression of time and change them into the present tense.

Ich werde nach Italien fliegen.
Nächste Woche fliege ich nach Italien.

(a) Er wird Automechaniker lernen.

(b) Wir werden Abitur machen.

(c) Du wirst die Berufsschule besuchen.

2 ...und nach dem Abitur?

1 📖 **Bitte lies, was diese Schüler sagen und achte auf die Wörter** *wahrscheinlich, natürlich, auf jeden/keinen Fall, vielleicht, eventuell, möglicherweise.*

Diese Schüler möchten Abitur machen, aber was dann?

> ☑ Talk more about your future plans (e.g. after your A-levels)
>
> ☑ Use adverbs to express probability

In Deutschland müssen alle jungen Männer 9 Monate zur Bundeswehr. Man kann aber auch Zivildienst machen, wenn man kein Soldat sein will. Ich bin sehr fit und werde wahrscheinlich zu einer Bergtruppe kommen. Die ersten 3 Monate Training sind sehr hart. Wir werden natürlich in einer Kaserne wohnen und einen Schlafraum teilen. Ich werde die Bundeswehr sofort nach dem Abitur anfangen und hoffe, dass ich möglicherweise im Sommersemester schon studieren kann.

Timo

Ich werde direkt nach dem Abitur mit meiner Ausbildung als Computerfachfrau beginnen. Ich möchte so schnell wie möglich fertig sein und Geld verdienen.

Sonja

Mm, ich weiß es nocht nicht genau. Vielleicht plane ich ein Jahr im Ausland. Ich möchte etwas von der Welt sehen. Mein Vater hat Kollegen in Amerika, dort kann ich vielleicht wohnen. Vielleicht finde ich einen Job in einem Café oder so. Auf jeden Fall möchte ich mein Englisch verbessern, weil Englisch in der Berufswelt sehr wichtig ist.

Annika

Ich will auf keinen Fall Soldat sein. Ich werde eventuell Zivildienst in einem Altenheim machen. Die Menschen dort sind supernett, das habe ich schon während meines Praktikums gesehen. Die alten Menschen dort erzählen viele Geschichten aus ihrer Jugend, die oft sehr lustig sind.

Steffen

Ich möchte Medizin studieren und vielleicht Kinderärztin werden. Wahrscheinlich werde ich in München studieren, wenn ich dort einen Studienplatz bekomme. Ich fange sofort im Wintersemester an, denn das Studium ist sehr lang.

Bettina

Wer macht was *vielleicht, auf jeden/keinen Fall, natürlich*?

Bitte sieh dir die Texte an und mach Notizen.

⭐ **Top-Tipp**

The following adverbs help to express degrees of certainty or uncertainty about your plans for the future. Check in your dictionary if you are unsure about their meaning.

> wahrscheinlich möglicherweise
> eventuell natürlich
> auf jeden/keinen Fall vielleicht

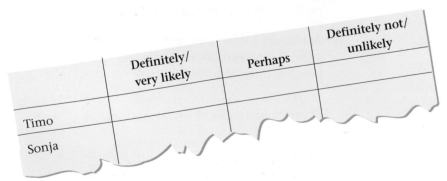

	Definitely/ very likely	Perhaps	Definitely not/ unlikely
Timo			
Sonja			

2 💬 **Bitte macht Dialoge. Du bist Christoph oder Anna und du bist du selbst.**

Christoph

Beispiel

A Was machst du nach dem Abitur?

B *Ich werde wahrscheinlich eine Ausbildung machen.*

A Was wirst du machen?

B *Ich habe vor, Bankkaufmann zu lernen.*

A Und wie lange wird die Ausbildung dauern?

B *3 Jahre.*

A Und was wirst du dann machen?

B *Ich werde vielleicht bei der Deutschen Bank arbeiten.*

A Und was wirst du danach machen?

B _____

Anna

3 🏔 **Bitte schreib zwei Pläne auf. Bitte nimm das Futur.**

a Den Plan von Christoph oder Anna:

Anna wird ____. Sie wird vielleicht ____.

b Deinen Plan:

Ich werde möglicherweise ____. Wahrscheinlich werde ich ____. Ich beabsichtige ____. Ich habe eventuell vor ____.

4 🎧 **Bitte hör den drei Jugendlichen (Timo, Bettina und Annika) zu und suche das richtige Wort für die Lücken.**

Timo muss für die ____ lernen. Er hat sich um einen ____ im Sommersemester beworben, aber er muss erst zur Bundeswehr, weil er keinen ____ machen will.

Bettina hat vor, ____ zu studieren. Sie wird im Wintersemester ____, aber vorher ____ sie noch in Spanien Urlaub machen.

Annika plant ein Jahr im ____, um ihr Englisch zu ____. Sie wird dort nicht ____, sondern eine ____ suchen.

3 Ich suche einen Job...

☑ Apply for a job

1 📖 **Lies bitte diese Anzeige.**

Restaurant zum Hungrigen Mann

Freundliches Familienrestaurant sucht Mitarbeiter für die Sommerferien.

Du
- hast Spaß am Kontakt mit Gästen.
- arbeitest gerne im Team.
- bist jung, motiviert, dynamisch.
- hast ein Flair für die Gastronomie.
- sprichst Deutsch und Französisch?

Abwechslungsreiche Beschäftigung an der Kasse, in der Küche oder direkt im Restaurant.

Du sollst dich noch heute schriftlich bewerben bei

**Frau Hana Huber
Restaurant Zum Hungrigen Mann
Seestraße 200
8820 Wädenswil (CH)**

Was stimmt, der Anzeige nach?

(1) Diese Arbeitsstelle ist _____.
    fest/langweilig/provisorisch
(2) Teamarbeit ist _____.
    nötig/schlecht/unwichtig
(3) Der Mitarbeiter kann _____.
    Auto fahren/Fremdsprachen/kochen
(4) Man arbeitet _____ im Restaurant.
    immer/nur/auch
(5) Man kann sich nur _____ bewerben.
    telefonisch/per E-mail/per Brief

2a 📖 **Lies bitte diesen Bewerbungsbrief.**

Somerset, den 9. Mai

Sehr geehrte Frau Huber,

Ich habe Ihre Anzeige in der Zeitung gelesen und ich möchte mich um den Job als Mitarbeiterin in Ihrem Restaurant bewerben.

Ich habe schon Erfahrung, weil ich 2 Wochen Arbeitspraktikum in einem Restaurant in Wien gemacht habe. Ich habe auch einen Nebenjob in einem Café.

Ich glaube, ich werde diese Arbeit sehr interessant finden, weil ich gern mit Menschen zusammen bin und ich mich für eine Karriere als Köchin interessiere.

Ich komme aus England aber ich habe gute Deutschkenntnisse: Ich lerne Deutsch in der Schule und ich habe einen Aufenthalt in Österreich gemacht, um mein Deutsch zu verbessern.

Ich kann vom 8. Juli bis 30. August arbeiten.

Sie könnten mich zu jeder Zeit unter 00 44 1935 706696 erreichen.

Mit freundlichen Grüßen,
Elizabeth Smith

b **Beginne bitte, das Bewerbungsformular für Elizabeth auszufüllen.**

Bewerbungsformular: Restaurant zum Hungrigen Mann

Name: ....

Vorname: ....

Alter: .... Geburtsdatum: ....

Nationalität: ....

Adresse: ....

....

Telefon: ....

Schulausbildung: ....

Arbeitserfahrung: ....

Sprachkenntnisse (sehr gut/gut): ....

Eigenschaften: ....

Hobbys: ....

Warum möchten Sie bei uns arbeiten? ....

3 **Hör bitte dem Vorstellungsgespräch gut zu. Jetzt füll das Bewerbungsformular komplett aus.**

4a **Lies bitte diese Anzeigen.**

(1)

Für den Kindergarten
St. Maria von den Engeln
suchen wir vom **1. 7. bis zum 31. 8.** für 20 Wochenstunden eine/n Mithelfer(in).

Sie
– arbeiten im Team und sind engagiert und kreativ
– sind zuverlässig und belastbar
– sind musikalisch und ideenreich

Bitte senden Sie Ihre Bewerbungsunterlagen an die Kath. Kirchengemeinde St. Margareta, Pastoratstr. 20, 50321 Brühl

(2)

Wir suchen nettes, fleißiges Zimmermädchen für unser Team ab sofort oder nach Vereinbarung. Hotel Ludwig, Köln, Nordrhein-Westfalen 0221/160540.

(3)

Wir suchen: Jungschauspieler
kurz gesagt, jede Art von Talent für Bühne, Film und Fernsehen.

Pro GmbH Casting, Goebenstr. 14, 50672 Köln

b **Bitte macht ein Rollenspiel.**

A **hat ein Vorstellungsgespräch für einen Job (entweder (1), (2) oder (3)).** *B* **macht das Interview. Dann ist** *B* **dran.**

B Wie heißen Sie?
A ....
B Wie alt sind Sie?
A ....
B Woher kommen Sie?
A ....
B Sind Sie Schüler(in)?
A ....
B Haben Sie Arbeitserfahrung?
A ....
B Was sind Ihre Eigenschaften?
A ....
B Was für Hobbys haben Sie?
A ....
B Haben Sie vielleicht Fragen?
A Was sind die Arbeitsstunden?
B ....
A Und wie viel werde ich verdienen?
B ....

5 **Du möchtest dich um einen Job in Übung 4 bewerben. Schreib einen Bewerbungsbrief: Du kannst Elizabeths Brief adaptieren.**

Vokabular

Was wirst du in Zukunft machen?	What will you do in the future?
Ich werde Abitur machen.	I'll take A-levels.
Ich werde die Berufsschule besuchen.	I'll attend a technical college.
Ich werde eine Ausbildung als...	I'll train as...
Bankkauffrau/Frisörin/	a bank clerk/hairdresser
Automechaniker/Gärtner/	car mechanic/gardener.
...machen.	
Ich werde eine Lehrstelle/	I'll look for a position as a trainee/
einen Ausbildungsplatz	an apprenticeship.
suchen.	
Ich werde mich um	I'll apply for
einen Studienplatz/eine Lehrstelle	a university place/a position as
bewerben.	a trainee.
Ich beabsichtige, erst zur Bundeswehr zu gehen.	I intend to do military service first.
Ich plane, Erfahrungen zu sammeln.	I plan to gain experience.

Ich werde auf jeden Fall studieren.	I will definitely study at university.
Eventuell werde ich Chemie als	Perhaps I'll choose chemistry as a
Leistungskurs wählen.	major subject.
Wahrscheinlich nehme ich Mathe	Next year I'll probably take maths as
nächstes Jahr als Grundkurs.	a minor subject.
Natürlich muss ich noch	Of course I still need to do
Zivildienst machen.	community service.
Möglicherweise kann ich gleich	Possibly I can start that straight after
nach dem Abi damit anfangen.	my A-levels.
Vielleicht finde ich einen Studienplatz	Perhaps I will get a (university) place
an der Uni Freiburg.	at Freiburg University.

Ich möchte bessere Chancen.	I would like better opportunities.
Ich möchte direkt nach dem Abi studieren.	I would like to go to university straight after A-levels.
Ich habe Erfahrungen gesammelt.	I have gained experience.
Die Sparkasse sucht Auszubildende.	The bank is looking for trainees.

Ich bin...

   ...engagiert/ideenreich/

   kreativ/zuverlässig/

   humorvoll/motiviert.

Ich kann...

   ...fließend Englisch sprechen.

   ...im Team arbeiten.

Ich möchte...

   ...meine Deutschkenntnisse verbessern.

   ...eine Karriere in der Bank.

Die Stelle ist interessant/abwechslungsreich.

I am...

   ...active/full of ideas/

   creative/reliable/

   humorous/motivated.

I can...

   ...speak English fluently.

   ...work in a team.

I would like...

   ...to improve my knowledge
of German.

   ...a career in the bank.

The position is interesting/varied.

Ich möchte mich um die Stelle bewerben.

Ich habe die Anzeige gelesen.

Ich schreibe einen Bewerbungsbrief.

Ich fülle das Bewerbungsformular aus.

Ich komme gern zu einem Vorstellungsgespräch.

Ich habe...

   ...Arbeitserfahrung/

   eine gute Schulausbildung/

   einen Nebenjob in

   einem Altenheim.

Ich kann...

   ...sofort anfangen.

   ...flexibel sein.

Bitte informieren Sie mich...

   ...telefonisch/schriftlich/per E-mail.

I would like to apply for the job.

I have read the advert.

I am writing an application letter.

I am filling in the application form.

I would like to come for an interview.

I have...

   ...work experience/

   a good school education/

   a part-time job in

   an old people's home.

I can...

   ...start immediately.

   ...be flexible.

Please let me know...

   ...by telephone/in writing/by e-mail.

1 🗨 Task: School and future plans

You are going to have a conversation with your teacher about school. Your teacher could ask you the following:

- What sort of school do you attend?
- What facilities does your school have?
- Describe a typical school day.
- What did you enjoy at school last week?
- What is your opinion of your school and why?
- What do you want to do when you leave school?
- !

! Remember, at this point, you will have to respond to something you have not yet prepared.

The dialogue will last between 4 and 6 minutes.

2 ✏ Task: Work experience

You have just finished your work experience placement and decide to put some information in German about it on your blog for your German friends.

You could mention:

- what kind of job it was and what you had to do
- how long the placement lasted
- what your work colleagues were like
- which things went well and why
- which things went badly and why
- why you feel work experience is important
- what you want to do as a career in the future and why

Mein Arbeitspraktikum

3 🎧 Listen to this radio interview with Max Schönberg about taking the *Abitur* at 14. Note the letter of the *four* correct sentences.

Max...

a ...is the youngest pupil in Germany to pass the *Abitur*.

b ...started school early.

c ...did lots of homework in the afternoons.

d ...was not very hardworking at school.

e ...hasn't got any hobbies because he's never had the time.

f ...has only ever had good marks.

g ...was generally not very interested in school.

h ...is happy that he has now left school.

i ...has no plans for his future.

4 📖 Read this career profile from a German magazine. Answer the questions below in English.

Berufsbild: Christian Heindl, Gärtner

Eigentlich war mir immer klar, dass Gärtner der richtige Beruf für mich ist.

Ich habe den Hauptschulabschluss gemacht, und dann habe ich gleich eine Lehre zum Pflanzengärtner begonnen. Drei Jahre lang habe ich gelernt, wie man Blumen pflanzt und wie man sie richtig pflegt. Während der Ausbildung habe ich auch viele Maschinen benutzt und die lateinischen Namen der Pflanzen gelernt.

Die Lehrzeit war eigentlich ganz schön schwer. Aber ich habe nie daran gedacht, die Ausbildung aufzugeben: Ich war begeisterter Lehrling. Am Ende der Lehrzeit habe ich meine Abschlussprüfung gemacht und bestanden.

Danach habe ich eine Stelle in einer Baumschule bekommen und ich arbeite jetzt schon seit 10 Jahren hier. Die Arbeit ist hart und man ist bei jedem Wetter draußen.

Als Gärtner wird man nicht reich. Aber dafür hat man Spaß an der Arbeit. Ich mag den Herbst, weil er so schön bunt ist, aber meine Lieblingsjahreszeit ist der Frühling.

Kein Zweifel: Christian Heindl ist leidenschaftlicher Gärtner.

(1) When did Christian start his apprenticeship as a gardener?

(2) What did he learn during his apprenticeship? Give **two** examples.

(3) How did Christian find his apprenticeship?

(4) What did he do at the end of his apprenticeship?

(5) What negative aspects of his job does he mention? Give **two** examples.

(6) What does he consider to be the positive aspect of his job?

☑ **Understand signs at the train station**

☑ **Get information about train travel**

☑ **Buy train tickets**

1 Am Bahnhof

1 📖 **Lies bitte diese Informationen über den Bahnhof.**

Was passt zusammen?
Füll die Tabelle aus.

A	12
B	
C	
D	
E	
F	

Bahnhof

Parken 🚗🚲
Direkt unter dem Bahnhofsvorplatz befindet sich eine Tiefgarage **(A)**. Auch Fahrradstellplätze **(B)**.

Fahrkartenverkauf 🎫
Es gibt sechs Fahrkartenschalter **(C)** und zwei Fahrkartenautomaten **(D)**.

Wartehalle (E)

Toiletten (F) 🚻

Service (G) ℹ️
Auskunft bekommt man im Büro in der Schalterhalle.

Schließfächer 🗄️
Die Schließfächer **(H)** befinden sich neben der Rolltreppe **(I)**.

Reisebedarf 🍴📚🍷🛒💰
Es gibt ein Café **(J)**, einen Kiosk **(K)** und eine Imbissstube **(L)**. Neben den Fahrkartenschaltern befindet sich auch eine Wechselstube **(M)**.

Taxis 🚕🚐
Der Taxistandplatz **(N)** und der Busbahnhof **(O)** sind vor dem Bahnhof.

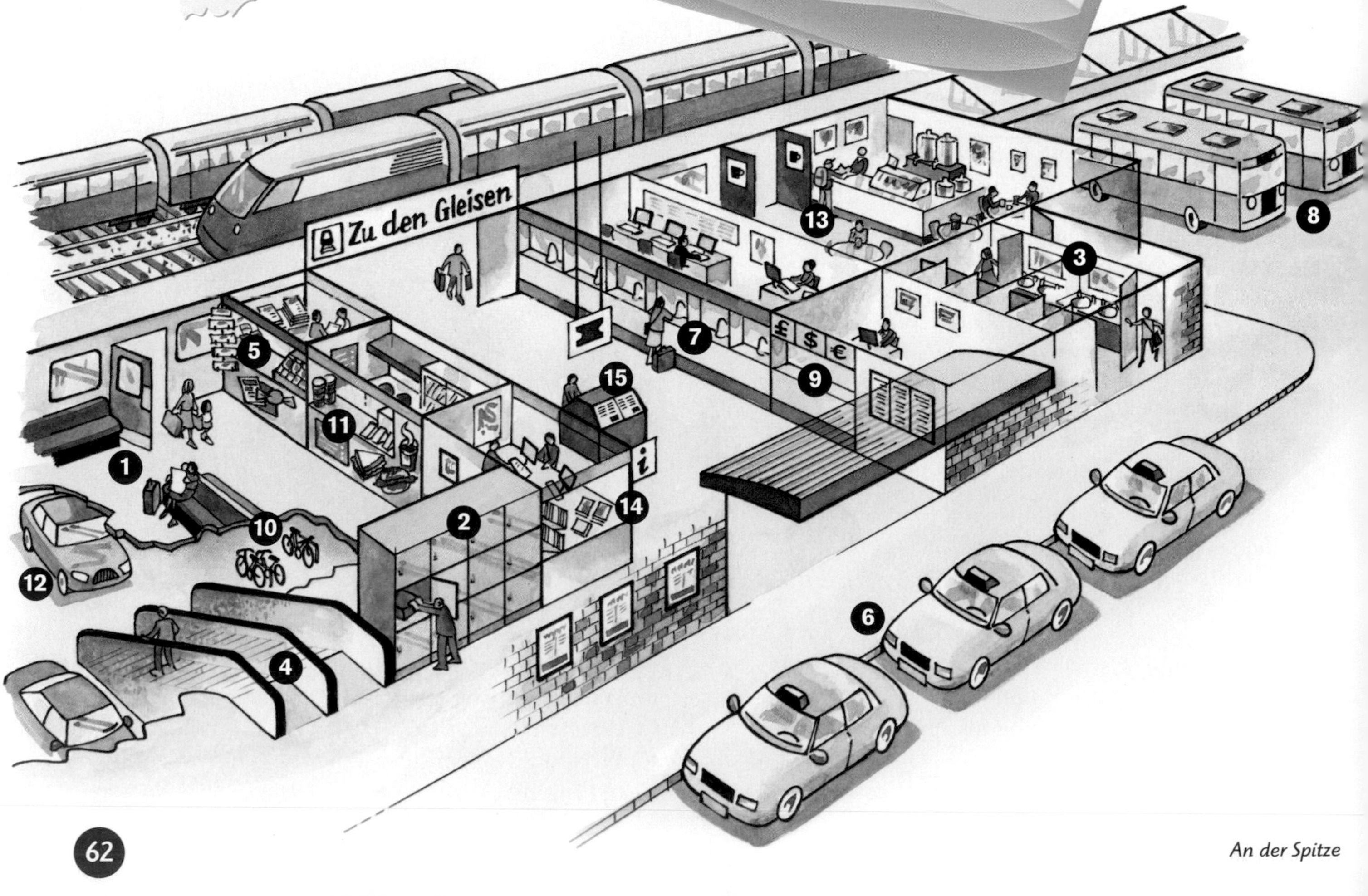

Zu den Gleisen

2a 🎧 📖 **Lara und Jens sind im Auskunftsbüro am Bahnhof in Bad Reichenhall. Sie wollen nach Salzburg fahren. Bitte hör zu und lies mit.**

Jens	Guten Tag. Wir möchten nach Salzburg fahren. Wann fährt der nächste Zug?
Angestellte	*Um 09:41 Uhr.*
Jens	Und wann kommt der Zug in Salzburg an?
Angestellte	*Um 10:07 Uhr.*
Jens	Müssen wir umsteigen?
Angestellte	*Nein, der Zug ist direkt.*
Jens	Von welchem Gleis fährt der Zug ab?
Angestellte	*Von Gleis 4.*

b 💬 **Macht bitte Dialoge. *A* ist der Angestellte und *B* sucht Informationen.**

Freilassing	10:47	11:07	→	🚆 **2**
München	11:19	13:05	→	🚆 **3**
Frankfurt	12:01	17:39	∽	**AUGSBURG** 🚆 **1**
Hamburg	14:09	16:35	∽	**WILHELMSHÖHE** 🚆 **5**

3a 🎧 📖 **Am Fahrkartenschalter. Bitte hör zu und lies mit.**

Jens	Ich möchte zwei Fahrkarten nach Salzburg, bitte. Zweiter Klasse.
Angestellte	*Einfach oder hin und zurück?*
Jens	Hin und zurück, bitte.
Angestellte	*Also zwei Rückfahrkarten nach Salzburg, zweiter Klasse. Das macht €18,40.*
Jens	Bitte schön und vielen Dank.

b 💬 **Macht bitte Dialoge. *A* ist der Angestellte und *B* kauft Fahrkarten.**

↔ × 1	→ × 2	↔ × 2	→ × 1
Freilassing 2Kl.	München 2Kl.	Frankfurt 1Kl.	Hamburg 2Kl.
€5,60	€56,00	€144,00	€61,00

⭐**Top-Tipp   Ich möchte…**

eine Einzelkarte nach…	→ × 1
einmal einfach nach…	→ × 1
zwei Einzelkarten nach…	→ × 2
zweimal einfach nach…	→ × 2
eine Rückfahrkarte nach…	↔ × 1
einmal hin und zurück nach…	↔ × 1
zwei Rückfahrkarten nach…	↔ × 2
zweimal hin und zurück nach…	↔ × 2
erster Klasse	1Kl.
zweiter Klasse	2Kl.

4 🎧 **Bitte hör zu und füll die Tabelle aus.**

	Reiseziel	Abfahrt	Ankunft	Umsteigen	Gleis	Fahrkarte	Preis
(1)	Karlsruhe	10.15					

2 Wie komme ich zum Bahnhof?

☑ Ask for and give directions
☑ Use the imperative

1 🎧 📖 **Hör zu und lies mit.**

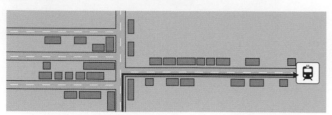

A Entschuldigung, bitte. Wie komme ich am besten zum Bahnhof?

B *Zum Bahnhof. Nehmen Sie die erste Straße rechts und dann gehen Sie geradeaus.*

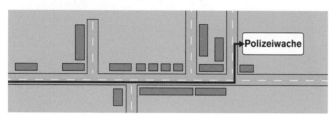

A Entschuldigen Sie, bitte. Wie komme ich zur Polizeiwache?

B *Das ist ganz einfach. Gehen Sie hier geradeaus. Nehmen Sie die dritte Straße links. Die Polizeiwache ist auf der rechten Seite.*

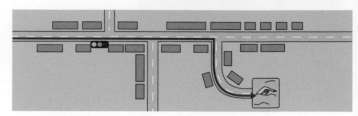

A Entschuldigen Sie, bitte. Wie komme ich zum Hallenbad?

B *Gehen Sie hier geradeaus, über die Ampel und nehmen Sie die zweite Straße rechts. Das Hallenbad ist um die Ecke.*

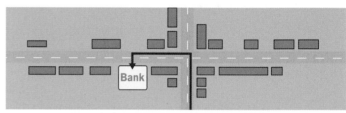

A Gibt es hier in der Nähe eine Bank?

B *Ja, gehen Sie geradeaus bis zur Kreuzung. An der Kreuzung gehen Sie links. Die Bank ist dann auf der linken Seite.*

2 💬 **Macht die Rollenspiele zweimal: das erste Mal in der Sie-Form und das zweite Mal in der Du-Form.**

 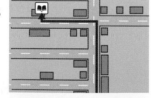

 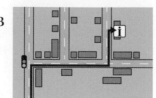

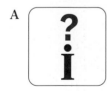 

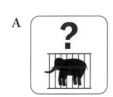

🔍 Unter der Lupe

Der Imperativ (*the imperative*)

You use the imperative form of the verb when you want to give someone instructions or orders.

The imperative of the polite form *Sie* is the same as the present tense, but you place the *Sie* after the verb:

> *Gehen Sie geradeaus.*
> Go straight on.

> *Nehmen Sie die zweite Straße links.*
> Take the second road on the left.

To make the imperative of the *du* form, take off the *-(e)st* of the present tense:

> *gehen* – *du gehst* → *Geh geradeaus.*
> *nehmen* – *du nimmst* → *Nimm die erste Straße rechts.*

3 🎧 📖 Hör zu und lies mit.

A Ist der Bahnhof weit von hier?
B *Nein, etwa 5 Minuten. Gehen Sie am besten zu Fuß.*

A Ist die Polizeiwache weit von hier?
B *Ja. Am besten fahren Sie mit dem Bus, mit der Linie 7.* 🚌
A Wo ist die Haltestelle? Ⓗ
B *Um die Ecke.*

A Ist es weit bis zum Hallenbad?
B *Etwa ein Kilometer. Sie fahren am besten mit der U-Bahn. Linie 8.*
A Wo ist die nächste U-Bahn-Station? **U**
B *Dort vorne, links.*

A Ist es weit?
B *Nein, nicht sehr weit. Aber Sie können mit der Straßenbahn fahren. Die Haltestelle ist dort drüben. Fahren Sie mit der Linie F.* 🚊Ⓗ

Top-Tipp   **zum/zur**

m	**der** Markt	Wie komme ich **zum** Markt?	(**zum** = zu dem)
f	**die** Bibliothek	Wie komme ich **zur** Bibliothek?	(**zur** = zu der)
n	**das** Schloss	Wie komme ich **zum** Schloss?	(**zum** = zu dem)
pl	**die** Geschäfte	Wie komme ich **zu den** Geschäften?	

4 💬 Macht Dialoge.

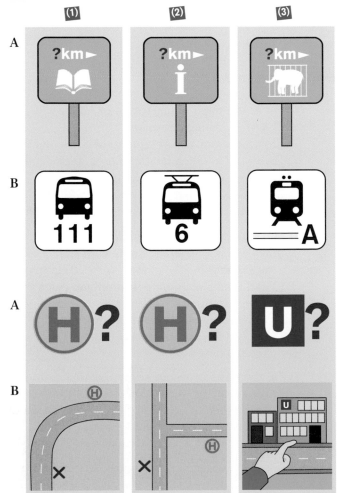

5 🎧 Hör bitte zu. Füll die Tabelle aus und markiere das Gebäude auf dem Plan.

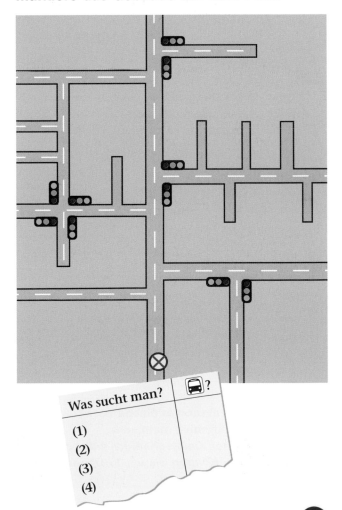

Was sucht man?	🚌 ?
(1)	
(2)	
(3)	
(4)	

3 Was kann man in Köln machen?

- ☑ Learn how to ask about tourist activities
- ☑ Learn to understand instructions
- ☑ Use modal verbs

1 📖 Du bist im Verkehrsamt in Köln und hörst viele Fragen der Touristen.

Bitte verbinde die Bilder mit den Fragen.

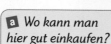

a Wo kann man hier gut einkaufen?

b Ist es weit bis zum Dom?

c Was läuft heute Abend im Theater?

d Welche Museen gibt es in Köln und wann sind sie geöffnet?

e Wo kann man heute Abend tanzen gehen?

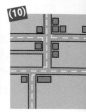

f Wo kann man hier preiswert übernachten?

g Wo gibt es ein typisches Restaurant?

h Haben Sie einen Stadtplan von Köln?

i Wo finde ich das römische Köln?

j Kann man auf dem Rhein Ausflüge mit dem Boot machen?

🔍 Unter der Lupe — Modalverben (*modal verbs*)

In order to say that you can, want or should/ought to do something, you use modal verbs. These are usually used together with another verb in the infinitive.

Here are the conjugations of three modal verbs:

	können (can/be able to)	*wollen* (to want)	*sollen* (should/ought to)
ich	kann	will	soll
du	kannst	willst	sollst
er/sie/es/man	kann	will	soll
Sie	können	wollen	sollen
wir	können	wollen	sollen
ihr	könnt	wollt	sollt
sie	können	wollen	sollen
Sie	können	wollen	sollen

Any extra information is placed between the modal verb and the infinitive main verb.

e.g. *Ich **kann** den Dom **sehen**. Ich **will** ein Museum **besuchen**. **Können** Sie um 19 Uhr **kommen**?*

(1) Fill in the gaps using forms of *können*.

a Ich _____ heute kommen.

b _____ Sie um 18 Uhr abfahren?

c Ihr _____ in der Jugendherberge übernachten.

d Er _____ nicht Deutsch sprechen.

e Wir _____ mit dem Schiff auf dem Rhein fahren.

(2) Make sentences using *wollen*.

a Ich – das Schokoladenmuseum – besuchen.

b den Stadtplan – wir – kaufen?

c du – das Buch – sehen?

d Sie (*she*) – essen – ein Brötchen.

e Sie (*you*) – buchen – hier – die Theaterkarten.

(3) Fill the gaps or make sentences using *sollen*.

a Sie (*you*) _____ nicht später als 22 Uhr ankommen.

b _____ wir die Karten hier kaufen?

c Du _____ nicht immer so laut sein.

d Ihr – noch – besichtigen – diese Kirche.

e Er – nicht immer – sein – so launisch.

2 📖 Bitte lies den Text und mach Notizen.

Köln ist eine sehr alte Stadt. Vor 2000 Jahren waren die Römer dort und viele römische Ruinen und ein interessantes Mosaik erinnern an diese Zeit. Im Römisch-Germanischen Museum kann man Teller, Lampen, Schmuck, Glas aus der Römerzeit ansehen. Das Museum ist jeden Tag außer Montag von 10.00 bis 17.00 Uhr geöffnet. Der Eintritt kostet für Schüler €3. Gleich gegenüber ist der gotische Dom mit vielen wunderschönen Fenstern.

Wenn man Schokolade mag, kann man das Schokoladenmuseum besuchen, das am Rhein liegt. Auf dem Rhein gibt es Schiffe und viele Touristen wollen eine Rheinfahrt machen, wenn sie Köln besuchen. Schiffe fahren täglich im Winter wie im Sommer zwischen 8.00 und 15.30 an der Rheinpromenade in der Nähe vom Dom ab.

Die „Hohe Straße" ist ideal zum Einkaufen. „Früh" ist ein typisches Restaurant, wo man Kölsch trinken und zum Beispiel Kartoffelsalat mit Würstchen essen kann. Es gibt eine Oper und viele Theater und natürlich auch Nachtleben für die jungen Leute in Diskos und Studentenkneipen.

Geschichte	Museen	Restaurants/ Kneipen	Weitere Aktivitäten

3 🗣 Macht zwei Dialoge.
(1) Ihr seid in Köln.
(2) Ihr seid in einer anderen Stadt. Bitte wählt die Stadt.

Beispiel

A Guten Tag, ich bin einen Tag in London. Was kann ich in London machen?

B *Interessieren Sie sich für Museen?*

A Ja, besonders für Geschichte.

B *Dann besuchen Sie das Britische Museum.*

A Wann ist das Britische Museum geöffnet?

B *Jeden Tag von 10.00 bis 17.30 Uhr und donnerstags und freitags auch abends.*

A Und was soll ich noch machen?

B *Eine Schifffahrt auf der Themse vielleicht?*

A Ja, gern, wo und wann fahren die Schiffe ab?

B *Fast jede Stunde vom Westminster Anleger.*

A Vielen Dank.

4 🎧 Du kommst abends in Berlin an. Das Verkehrsamt ist schon geschlossen.

Hör den automatischen Telefonbeantworter an und mach Notizen.

Telefon Verkehrsamt?	
Reichstag/ Öffnungszeiten?	
Fernsehturm/ Preis?	
Restaurant wo?	
Berlin und Umgebung	

5 🏔 Deine Freundin besucht deine Heimatstadt. Was kann sie dort machen?

Schreib eine E-mail und benutze Modalverben.

Hallo ____
Schön, dass du nach ____ kommst. Es gibt ____. Du kannst hier Fußball spielen ____. Willst du auch...

Am Bahnhof gibt es...
...Fahrkartenschalter/Fahrkartenautomaten/
Schließfächer/Fahrradstellplätze/
eine Tiefgarage/eine Imbissstube/
eine Wechselstube.

At the station there are/there is...
...ticket offices/ticket machines/
lockers/bicycle racks/
underground parking/a snack bar/
a bureau de change.

Wann fährt der nächste Zug nach...
München/Köln/Wien?
Wann kommt der Zug an?
Muss ich umsteigen?
Wo muss ich umsteigen?
Von welchem Gleis fährt der Zug?

When does the next train to...
Munich/Cologne/Vienna leave?
When does the train arrive?
Do I have to change?
Where do I have to change?
Which platform does the train go from?

Ich möchte eine Fahrkarte.
einmal/zweimal/dreimal
einfach/hin und zurück
erster Klasse/zweiter Klasse
Eine Einzelkarte, bitte.
Eine Rückfahrkarte, bitte.

I would like a ticket.
one/two/three tickets
single/return
first class/second class
A single ticket, please.
A return ticket, please.

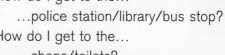

Wie komme ich zum...
...Bahnhof/Markt/Parkplatz/
Kino/Hallenbad/Schloss?
Wie komme ich zur...
...Polizeiwache/Bibliothek/Bushaltestelle?
Wie komme ich zu den...
...Geschäften/Toiletten?

How do I get to the...
...station/market/car park/
cinema/indoor pool/castle?
How do I get to the...
...police station/library/bus stop?
How do I get to the...
...shops/toilets?

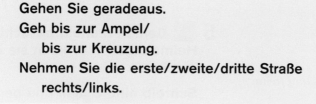

Gehen Sie geradeaus.
Geh bis zur Ampel/
bis zur Kreuzung.
Nehmen Sie die erste/zweite/dritte Straße
rechts/links.

Go straight on.
Go up to the traffic lights/
up to the crossroads.
Take the first/second/third road
on the right/left.

Die Bank ist…	The bank is…
…auf der rechten/linken Seite.	…on the right-/left-hand side.
…da vorne/dort drüben.	…there in front/over there.
…um die Ecke.	…round the corner.
Ist es weit zum Hallenbad?	Is it far to the indoor pool?
Es ist nur 5 Minuten zu Fuß.	It is only 5 minutes on foot.
Am besten fahren Sie mit der Linie 6.	It would be best to take the number 6.

Was kann man in Köln machen?	What can you do in Cologne?
Man kann…	You can…
…Ausflüge auf dem Rhein machen.	…go for excursions on the Rhine.
…Museen besuchen.	…visit museums.
…viele Sehenswürdigkeiten besichtigen.	…visit lots of sights.
…den Dom ansehen.	…look at the cathedral.
…gut einkaufen.	…shop well.
…tanzen gehen.	…go dancing.
Es gibt…	There is/are
…eine Oper/ein Schokoladenmuseum/	…an opera house/a chocolate museum/
einen Dom/viele Kneipen/	a cathedral/lots of pubs/
römische Ruinen.	Roman ruins.

Welche Museen gibt es?	What museums are there?
Wo kann ich preisgünstig übernachten?	Where can I stay the night cheaply?
Gibt es eine Jugendherberge?	Is there a youth hostel?
Was kostet der Eintritt für Studenten?	How much is the entrance for students?
Haben Sie einen Stadtplan?	Have you got a street map?
Wann ist der Dom geöffnet/geschlossen?	When is the cathedral open/closed?
täglich/jeden Tag	daily/every day
außer Montag	except Mondays
abends	in the evening

Wofür interessieren Sie sich?	What are you interested in?
Ich interessiere mich für…	I am interested in…
…Geschichte/Musik/	…history/music/
das Theater/Filme.	the theatre/films.

1 Haben Sie Zimmer frei?

1  Hör zu und lies mit.

An der Rezeption

Guten Tag, kann ich Ihnen helfen?
Guten Tag, haben Sie ein Zimmer frei?
Möchten Sie ein Einzelzimmer oder ein Doppelzimmer?
Ein Doppelzimmer mit Dusche bitte, wenn es geht.
Wie lange möchten Sie bleiben?
Für zwei Nächte, bitte.
Es tut mir Leid, für zwei Nächte habe ich nur ein Zimmer mit Bad. Geht das?
Ja, das geht. Was kostet das Zimmer?
€40 pro Person für eine Nacht.
Ist das ein Zimmer mit Frühstück?
Ja, aber wir bieten auch Halbpension und Vollpension an. Pro Mahlzeit kostet das €12,50 extra.
Gut. Ja, wir nehmen das Zimmer, Halbpension bitte. Wann können wir frühstücken?
Von 8 Uhr bis 10 Uhr in unserem Frühstücksraum und abends können Sie von 19 bis 21.30 im Restaurant essen.
Vielen Dank.
Bitte, hier ist Ihr Schlüssel, Zimmer 312 in der 3. Etage. Sind Sie ohne Gepäck?
Nein, das Gepäck ist im Auto.
Der Aufzug für die Gäste ist gleich hier.

 = zwei Nächte

Bitte lies den Text und finde alle Fragen. Mach zwei Listen.

Fragen mit Fragewort	Fragen ohne Fragewort
Wie lange möchten Sie bleiben?	Kann ich Ihnen helfen?

Hier sind die wichtigsten Fragewörter. Kennst du sie alle? Bitte schau im Wörterbuch nach.

wohin?
wann? wem?
was? wo? warum? wen?
woher? wer? wie? wie viel?
wie viele? wie lange?

Unter der Lupe — Präpositionen mit dem Akkusativ
(prepositions with the accusative case)

The following prepositions are always followed by the accusative case:

bis durch für gegen ohne um entlang

Here are the accusative articles again:

m	f	n	pl
den	die	das	die
einen	eine	ein	—

(For the accusative of possessive adjectives — *meinen* etc. — see Thema 1, 'Verwandte und Tiere', page 6.)

So you would say:

Ich gehe durch } **den** Wald / **die** Stadt / **das** Feld

(1) Read again the dialogue '*An der Rezeption*' in Übung 1 and find the prepositions followed by the accusative.

(2) Insert the correct definite article:

Hotel Sonnenhof liegt im Schwarzwald. Wenn Sie durch ___ Eingang gehen, der für ___ Gäste ist, sehen Sie den wunderschönen Garten. Gehen Sie ___ Gang entlang um ___ Rezeption herum und Sie kommen zum Swimmingpool, der 25 m lang ist. Gegen ___ Wand lehnt das Sprungbrett, weil der Pool sehr voll ist, aber ohne ___ Sprungbrett macht es den jungen Leuten heute keinen Spaß, den Pool zu benutzen.

2 Bitte lest den Dialog in Übung 1 noch einmal. Jetzt seid ihr dran. Ihr bucht ein Hotelzimmer. Macht Dialoge an der Rezeption.

★ Top-Tipp Fragen

Remember that the verb or the changeable part of it goes at the beginning of a sentence to form a question:

Wohnst du in Köln?
Kann ich Ihnen helfen?
Hast du Deutsch gelernt?

If there is a question word such as *wann* or *wo*, this is placed before the verb.

What was the question?
Beispiel Das Restaurant ist ab 19 Uhr geöffnet.
Wann ist das Restaurant geöffnet?

(1) Das Zimmer kostet €30 pro Person.
(2) Der Frühstücksraum ist hier links.
(3) Ja, wir haben einen Parkplatz.
(4) Nein, Sie können hier abends nicht essen.
(5) Nein, wir haben leider kein Einzelzimmer mit Bad.

3a Bitte lies den Text.

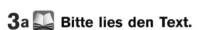

Willkommen im Schwarzwaldhotel SONNENHOF

Lage
Mitten im Schwarzwald auf dem Land, etwa 20 km nördlich von Freiburg.

Einrichtung
Typisches gemütliches Schwarzwaldhaus mit Restaurant und mit typischer Schwarzwaldküche. Fernsehraum, Swimmingpool (Freibad), Hallenbad, Sauna, Solarium, Fitnessraum, Kinderspielplatz, Fahrradvermietung.

Zimmer
Gemütliche Zimmer mit traditioneller Ausstattung mit Bad/Dusche, WC, Balkon, Telefon, Minibar.

Sport und Unterhaltung
Vier Tennisplätze, Tischtennis, Nachtklub im Haus.

Ausflüge
Viele Ausflugsmöglichkeiten: die wunderschöne alte Universitätsstadt Freiburg mit ihrem historischen Zentrum, der Schwarzwald zum Wandern, Frankreich und die Städte Colmar und Straßburg im Elsass.

Ein erstklassiges Hotel mit sehr guter Küche in ruhiger Lage mit Sport- und Ausflugsmöglichkeiten.

Warum buchen Sie nicht heute?

b **(1) Die Freundin von deiner Mutter in Deutschland möchte Information über das Schwarzwaldhotel Sonnenhof. Sie hat gefragt:**

- *Wo liegt das Hotel?*
- *Was kann man für seine Fitness tun?*
- *Ist das ein schickes modernes Hotel?*
- *Kann man dort irgendwo tanzen?*
- *Ist es weit bis in die nächste Stadt?*
- *Was kann man sonst noch machen?*

Bitte antworte in einer E-mail.

(2) Bitte schreib eine E-mail an ein Hotel in Übung 2. Du möchtest ein Zimmer buchen.

4 Bettina und Lisa wollen doch nicht mit ihren Eltern in dem Hotel wohnen und gehen zum Campingplatz. Bitte notiere die Information, die du hörst.

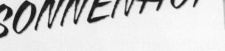

Zelt? Wohnwagen?	Auto?	Wie lange?	Preis?	Wo?	Sport/Unterhaltung

2 Wohin fährst du... und mit wem?

- [ ] Say where you spend your holiday and how you get there
- [ ] Say who you travel with
- [ ] Use prepositions with the dative case

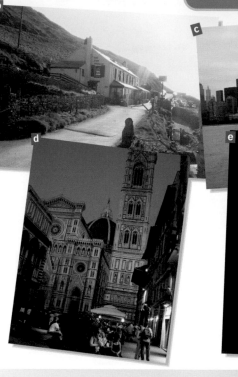

1 📖 Welcher Kommentar passt zu welchem Bild?

(1) Ich verbringe meinen Urlaub mit meinen Freunden am Meer. Wir fliegen im Juli nach Mallorca.

(2) Wir sind mit dem Flugzeug mit unserer Tante nach Amerika geflogen.

(3) Ich bin im Oktober mit dem Auto mit meinem Bruder in die Berge gefahren. Wir sind gewandert.

(4) Wir bleiben in England. Wir mögen Cornwall und fahren im August mit dem Bus dorthin. Meine Tante kommt auch mit.

(5) Dieses Jahr fahre ich mit meinen Eltern mit dem Zug nach Florenz.

(6) Ich habe Verwandte in Deutschland. Ich werde mit dem Auto mit meinem Vater nach Köln fahren.

(7) Ich mache eine Schifffahrt auf der Mosel. Ich fahre mit meiner Klasse mit der Fähre und dem Zug nach Deutschland.

🔍 Unter der Lupe — Präpositionen mit dem Dativ (*prepositions with the dative case*)

The following prepositions are always followed by the dative case:
> *aus außer bei gegenüber mit nach seit von zu*

So you would say:
> *mit dem Zug   mit der Bahn   mit dem Auto   mit den Freunden*

Here is a reminder of the article endings in the dative case:

m	f	n	pl
dem	*der*	*dem*	*den*
einem	*einer*	*einem*	—

(For the dative of possessive adjectives — *meinem* etc. — see Thema 1 'Verwandte und Tiere', page 146.)

Insert the correct form of the article.
Im Sommer fahre ich mit ___ Rad in den Urlaub. Ich fahre mit ein___ Freundin und wir werden in ein___ Jugendherberge wohnen. Die Jugendherberge ist gegenüber ___ Schwimmbad in Neustadt. Wir fahren auch zu ein___ Tante von mir, die seit ein___ Jahr in Neustadt wohnt. Mein Rad ist von ein___ Cousin, weil meins seit ein___ Woche kaputt ist. Wir können auch bei ___ Freunden von mein___ Eltern im Schwarzwald übernachten.

2 🗨 Bitte macht Dialoge.

Wohin reist du diesen Sommer?	*Wohin bist du letzten Sommer gereist?*	*Ich reise.../ich bin...gereist/ ich bin...gefahren*
A Wohin reist du diesen Sommer? B *Wir fahren nach Italien.*	Wohin bist du letzten Sommer gereist? *Wir sind nach Italien gefahren.*	• im Juli/August/April • eine Woche/zwei Wochen in den Sommerferien/ Weihnachtsferien • in den Osterferien
A Mit wem reist du? B *Ich reise mit Freunden.*	Mit wem bist du gereist? *Ich bin mit Freunden gereist.*	• mit meiner Familie • mit Freunden/Verwandten • mit der Klasse • allein
A Wie kommst du dahin? B *Wir fahren mit dem Auto.* A Wann fahrt ihr? B *Wir fahren im Juli.* A Wie lange bleibt ihr? B *Wir bleiben eine Woche.*	Wie bist du dahin gekommen? *Wir sind mit dem Auto gefahren.* Wann seid ihr gefahren? *Wir sind im Juli gefahren.* Wie lange seid ihr geblieben? *Wir sind eine Woche geblieben.*	• mit dem Auto • mit dem Bus • mit dem Zug • mit dem Flugzeug • mit der Bahn • nach Frankreich/nach Italien/nach Spanien/ nach Österreich/nach Rom • in die Schweiz/in die Türkei/in die USA • in die Berge • ans Meer • zu meinem Onkel/zu meiner Tante/zu Verwandten

3 📖 Bitte lies den Text. Die Sätze (1)–(8) stimmen nicht. Bitte korrigiere sie.

(1) Heinz ist 40 Jahre alt.
(2) Er radelt mit einem Freund.
(3) Australien hat er noch nicht besucht.
(4) Ohne Gepäck wiegt sein Rad 50 kg.
(5) Er schläft immer bei einer Familie.
(6) Er hat oft Probleme.
(7) Er möchte lieber bei seiner Familie sein.
(8) In Afrika hatte er Probleme mit seinem Rad.

Mit dem Fahrrad um die Welt

Heinz fährt seit mehr als 40 Jahren im Sommer wie im Winter mit dem Fahrrad um die Welt. Er möchte frei sein und fährt nicht mit Freunden, sondern immer allein. Von Kanada bis Australien hat er schon über 200 Länder besucht und ist mehr als eine halbe Million Kilometer geradelt. Er kommt aus Deutschland. Sein Rad ist nicht leicht, es wiegt 25 kg, dazu kommen noch ungefähr 50 kg Gepäck. Nachts schläft er in einem Zelt. Manchmal hatte er Probleme zum Beispiel mit einem Schwarm Bienen in Afrika. Er findet es nicht schade, dass er nicht oft bei seiner Familie sein kann, weil er frei sein muss, um mit dem Rad zu reisen.

4 🎧 Bitte hör gut zu und füll die Tabelle aus.

Wer?	Wohin?	Mit wem?	Wie?	Wie lange?
Florian Kerstin Lisa Timo				

5 📧 Schreib eine E-mail an deine Freundin über deine Urlaubspläne.

Beispiel *Dieses Jahr fahren wir nach...*

Schreib eine Postkarte aus dem Urlaub.

Beispiel *Wir sind nach...gefahren/geflogen. Wir sind mit...*

3 Wo warst du und was hast du gemacht?

1 🎧 📖 **Bitte hör zu und lies mit.**

Wer war das? Finde die richtige Person für jedes Bild.

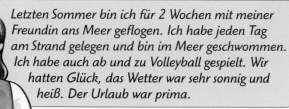

> Letzten Sommer bin ich für 2 Wochen mit meiner Freundin ans Meer geflogen. Ich habe jeden Tag am Strand gelegen und bin im Meer geschwommen. Ich habe auch ab und zu Volleyball gespielt. Wir hatten Glück, das Wetter war sehr sonnig und heiß. Der Urlaub war prima.

Angelika

> Ich bin zu Hause geblieben. Das war aber nicht langweilig. Ich bin mit Freunden ins Freibad gegangen, oder ich habe im Garten gefaulenzt. Ich habe auch einen Film gesehen. Da war immer ganz viel los. Das Wetter war wechselhaft: Es hat manchmal geregnet, manchmal war es wolkig, aber es war auch teilweise schön warm.

> Im Winter bin ich mit meinen Eltern nach Österreich in die Berge gefahren. Wir sind mit dem Zug gereist und wir haben in einem Hotel gewohnt. Ich bin jeden Morgen Ski gefahren, manchmal sogar auf einer schwarzen Piste und am Nachmittag bin ich Snowboard gefahren. Das Wetter war fabelhaft, es war kalt aber sonnig und es gab viel Schnee.

Kevin

> Meine Schwester und ich sind im April mit dem Auto aufs Land gefahren. Wir haben 5 Tage lang unsere Oma besucht. Es war sehr ruhig, aber wir hatten Zeit, uns zu entspannen. Manchmal sind wir spazieren gegangen, manchmal haben wir eine Radtour gemacht. Das Wetter war ideal: kühl und ein bisschen windig.

Magdalena

Evangelos

🔍 Unter der Lupe — Das Imperfekt (*the imperfect tense*)

The imperfect is another way of talking about the past. Except for some common verbs, it is not usually used in speech. Two common verbs often used in the imperfect in spoken German are:

	sein (to be)	*haben* (to have)
ich	war (I was)	hatte (I had)
du	warst	du hattest
er/sie/er	war	hatte
Sie	waren	hatten
wir	waren	hatten
ihr	wart	hattet
sie	waren	hatten
Sie	waren	hatten

Read the texts in Übung 1 again. Identify all examples of the imperfect tense.

How would you say the following?
(1) The weather was cold.
(2) We had snow.
(3) They had a lot to do.
(4) I was tired.
(5) It was great! It wasn't boring at all.
(6) Did you have a single room? (formal and informal)
(7) The hotel had a swimming pool.
(8) The camp site was in the countryside.
(9) The hotel was dirty.
(10) I had a problem with my hotel room. The shower was broken.

Top-Tipp

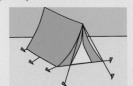    

Wir haben gezeltet.
Wir haben auf einem Campingplatz gewohnt.

Wir haben in einem Wohnwagen gewohnt.

Wir haben in einer Jugendherberge gewohnt.

Wir haben in einem Ferienhaus gewohnt.

Wir haben bei Freunden gewohnt.

2 💬 Macht Dialoge.

Wie lange?	Wo?	Wo gewohnt?	Was gemacht?	Wetter?

Beispiel

A Wo warst du in den Ferien?
B *Ich bin für eine Woche nach Spanien in die Berge gefahren.*
A Wo hast du gewohnt?
B *Ich habe in einem Hotel gewohnt. Es hatte ein Schwimmbad.*
A Was hast du gemacht?
B *Ich bin jeden Tag gewandert.*

A Und wie war das Wetter?
B *Es war ganz heiß.*
A Wie war der Urlaub?
B *Der Urlaub war ganz toll!*
A Wie bist du hingereist?
B *Ich bin geflogen.*
A Mit wem bist du gefahren?
B *Ich bin mit meinen Freunden dorthin gefahren.*

3 🎧 Hör bitte zu. Wie waren die Sommerferien?

Was hat Lara positiv gefunden und was hat sie negativ gefunden? Füll die Tabelle aus.

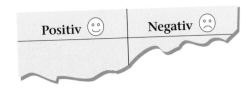

Positiv ☺	Negativ ☹

4 ✍ Du bist auf Urlaub. Schreib eine Postkarte an eine Freundin zu Hause. Erzähl ihr alles, was du bis jetzt im Urlaub gemacht hast.

4 Ich möchte mich beschweren...

✓ Make a complaint

1 📖 **Was ist das Problem? Finde für jedes Problem das passende Bild.**

Beispiel (1) e

⓵ Das Zimmer ist zu laut.

⓶ Es gibt keine Handtücher.

⓷ Die Dusche ist kaputt.

⓸ Der Fernseher funktioniert nicht.

⓹ Es gibt ein Problem mit dem Bett.

⓺ Ich habe keine schöne Aussicht.

⓻ Das Schwimmbecken ist schmutzig.

⓼ Das Essen ist kalt.

⓽ Der Aufzug ist kaputt.

⓾ Der Strand ist zu weit vom Hotel.

2 🎧 **Hör bitte zu und füll die Tabelle aus.**

Was für Probleme haben diese Hotelgäste und was kann das Hotel machen?

	Welches Zimmer?	Problem(e)	Was kann das Hotel machen?
(1)	207	Zimmer ist zu klein	nichts
(2)			

⭐ **Top-Tipp** **Das Zimmer** *Ich möchte mich beschweren...*

Es gibt { keine Lampe/Seife. kein Toilettenpapier/ Wasser.

Das Radio funktioniert nicht.

Ich habe keine Aussicht.

Das Zimmer ist laut/ klein/schmutzig.

Es gibt } ein Problem mit { dem Fernseher.
Ich habe } { der Lampe.

Das WC ist kaputt.

Top-Tipp Das Hotel

Ich möchte mich beschweren...

Der Strand ist zu weit.

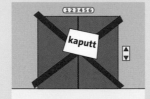

Der Aufzug ist kaputt.

Das Schwimmbecken ist schmutzig.

Das Essen ist kalt/ schlecht/furchtbar.

Top-Tipp Im Geschäft

Ich möchte mich beschweren...

Ich möchte mein Geld zurück.

Ich möchte ihn/sie/es bitte umtauschen.

Ich möchte einen neuen/eine neue/ ein neues...

---

3 💬 **Macht bitte Dialoge.**

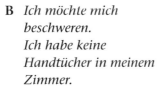

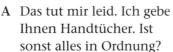

Beispiel

A Was kann ich für Sie tun?

B *Ich möchte mich beschweren. Ich habe keine Handtücher in meinem Zimmer.*

A Das tut mir leid. Ich gebe Ihnen Handtücher. Ist sonst alles in Ordnung?

B *Nein, die Toilette ist kaputt.*

A Welches Zimmer ist das?

B *356.*

A Ich notiere. Man wird das WC reparieren.

4 🏔️ **Du hast gerade Ferien gemacht aber das Hotel war nicht gut. Du möchtest dich also beschweren. Schreib einen Brief an das Hotel.**

5a 📖 **Lies bitte das Gespräch im Souvenirladen.**

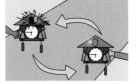

A Ich habe letzte Woche diese Kuckucksuhr gekauft, aber sie funktioniert nicht.

B *Das tut mir leid.*

A Ich möchte sie bitte umtauschen.

B *Haben Sie die Quittung?*

A Ja, hier ist die Quittung.

B *Also kein Problem. Hier, bitte schön.*

b 💬 **Macht jetzt bitte Dialoge.**

Vokabular

Haben Sie ein Zimmer frei?	Have you got a room free?
Haben Sie...	Have you got...
...ein Einzelzimmer/ein Doppelzimmer?	...a single room/a double room?
Ist das ein Zimmer mit...	Is that a room with...
...Dusche/Bad/	...a shower/a bath/
Frühstück/Halbpension/Vollpension?	breakfast/half-board/full-board?

Wie lange möchten Sie bleiben?	How long would you like to stay?
Ich möchte das Zimmer für...	I would like the room for...
...eine Nacht/zwei Nächte/eine Woche.	...one night/two nights/one week.

Wann können wir frühstücken?	When can we have breakfast?
Von 7 bis 10 Uhr.	From 7 until 10 o'clock.
Wo können wir frühstücken?	Where can we have breakfast?
Hier links im Frühstücksraum.	Here on the left in the breakfast room.
Wie viele Tennisplätze haben Sie?	How many tennis courts have you got?
Wir haben drei Tennisplätze.	We have three tennis courts.
Was hat das Hotel noch?	What else has the hotel got?
Das Hotel hat...	The hotel has...
...ein Freibad/eine Fahrradvermietung/	...an outdoor pool/bicycle hire/
eine schöne Aussicht/einen Nachtklub.	a good view/a nightclub.

Ich verbringe meinen Urlaub/meine Ferien mit...	I spend my holidays/school holidays with...
...meiner Schwester/meinem Freund/	...my sister/my friend/
meinen Freunden/meinen Eltern/	my friends/my parents/
meiner Familie.	my family.

Wir reisen...	We travel/are travelling...
...mit dem Flugzeug/mit dem Reisebus/	...by plane/by coach/
mit dem Zug/mit dem Auto.	by train/by car.
...im Juli/im Sommer/im Winter.	...in July/in the summer/in the winter.
Wir fahren...	We go/are going...
...nach Frankreich/Spanien/	...to France/Spain/
in die Schweiz/in die Berge/	to Switzerland/to the mountains/
in den Schwarzwald/	to the Black Forest/
ans Meer/auf das Land.	to the seaside/to the country.
Wir bleiben...	We stay/are staying...
...eine Woche/ein paar Tage/14 Tage/	...a week/a few days/a fortnight/
am Meer/in Frankreich/	at the seaside/in France/
in den Bergen.	in the mountains.

An der Spitze

Letzten Sommer/in den Osterferien	Last summer/in the Easter holidays
sind wir...	we...
...nach Spanien geflogen.	...flew to Spain.
...in die Berge gefahren.	...went to the mountains.
Wir sind gewandert/geschwommen.	We walked/swam.
Wir haben in der Sonne gelegen/Tennis gespielt.	We lay in the sun/played tennis.
Wir haben...	We stayed...
...im Wohnwagen/im Hotel/	...in the caravan/in the hotel/
in einem Ferienhaus/im Zelt/	in a holiday house/in the tent/
auf dem Campingplatz	on a campsite.
...gewohnt.	

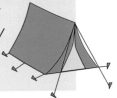

Das Wetter war...	The weather was...
...sonnig/kühl/wolkig/windig/	...sunny/cool/cloudy/windy/
wechselhaft.	changeable.
Es gab viel Schnee.	There was a lot of snow.
Der Campingplatz/das Hotel war...	The campsite/the hotel was...
...schmutzig/gemütlich/erstklassig/	...dirty/cosy/first class/
schick/traditionell.	smart/traditional.
Die Ferienwohnung hatte...	The holiday flat had...
...ein Schwimmbad/ein Solarium.	...a swimming pool/a solarium.

Ich möchte mich beschweren.	I would like to complain.
Die Handtücher/die Toiletten	The towels/the toilets
sind schmutzig.	are dirty.
Der Fernseher/die Dusche/die Lampe	The television/the shower/the lamp
ist kaputt/funktioniert nicht.	is broken/does not work.
Es gibt...	There is...
...kein Toilettenpapier/keine Seife.	...no toilet paper/no soap.
...ein Problem mit dem Radio.	...a problem with the radio.
Der Strand/der Supermarkt	The beach/the supermarket
ist zu weit vom Hotel.	is too far from the hotel.

Ich möchte diese Hose/diese Uhr	I would like to exchange
umtauschen.	these trousers/this watch.
Ich möchte mein Geld zurück.	I would like my money back.
Ich habe die Quittung.	I have the receipt.

1 Wie bleibe ich gesund?

☑ Talk about healthy eating and drinking
☑ Say how you keep fit and healthy

1 📖 **Schau die Bilder an und finde den richtigen Tipp.**

Beispiel *(1) f*

Es ist egal wie alt du bist, eine gute Gesundheit ist immer wichtig für ein gutes Leben. Die meisten Menschen wünschen sich deshalb auch Gesundheit. Um gesund zu bleiben, soll man...

(1) ...nur wenig Fett essen.
(2) ...kein Fastfood essen.
(3) ...nicht zu viel Schokolade essen.
(4) ...mehr Gemüse und Obst essen.
(5) ...kleine Portionen essen.
(6) ...frische Kräuter statt Salz nehmen.
(7) ...täglich einen Liter Wasser trinken.
(8) ...keinen Alkohol trinken.
(9) ...viel Sport treiben.
(10) ...nicht rauchen.

2 🎧 **Hör diesen Jugendlichen (1–10) gut zu. Sind die Gewohnheiten gesund oder ungesund? Trage die Gewohnheit in die richtige Spalte ein. Füll die Tabelle *auf Deutsch* aus.**

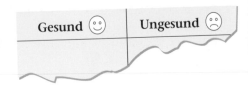

Gesund 😊	Ungesund 🙁

3 **Lies bitte folgende Texte und dann füll die Tabelle *auf Englisch* aus.**

Neben der richtigen Ernährung treibe ich dreimal die Woche Sport. So bleibe ich gesund. Gesunde Kinder sind nicht nur körperlich fit. Sie können auch besser lernen.

Elizabeth

Ich frühstücke richtig, das heißt also gesund. Ich finde, mit leerem Magen in der Schule kann man nichts lernen. Wir brauchen Energie. Und die kommt von einer gesunden Ernährung.

Helga

Zu viel Zucker ist ungesund, und gesüßte Getränke löschen auch nicht den Durst. Ich trinke pro Tag mindestens einen Liter natürliche Flüssigkeit, zum Beispiel Kräutertee oder Mineralwasser.

Magdalena

Ich finde, regelmäßige Bewegung ist wichtig und hält fit. Deswegen laufe ich jeden Tag zur Schule.

Angelika

Der Schlaf ist sehr wichtig, weil sich der Körper beim Schlafen erholt. Wer immer zu wenig schläft, wird krank: Man fühlt sich schlapp und bekommt Kopfschmerzen. Ich schlafe regelmäßig 8 Stunden pro Nacht.

Lara

	What she does for her health	Reason
Elizabeth		
Helga		

4a **Macht Dialoge. Wechselt euch ab!**

Beispiel

A Letztes Jahr habe ich nie Tennis gespielt. Ich hatte keine Zeit.

B *Aber jetzt spielst du zweimal die Woche Tennis.*

(1) Vor 6 Monaten habe ich viel Kuchen gegessen. Ich war ungesund. Aber jetzt...

(2) Ich bewege mich täglich. Ich bin sehr fit. Aber letztes Jahr...

(3) Ich gehe jetzt nie spät ins Bett. Aber vor 3 Monaten...

(4) Ich habe immer viel Zeit im Internet verbracht. Aber jetzt...

(5) Seit 6 Monaten fahre ich mit dem Bus zur Schule. Aber vorher...

(6) Seit 3 Monaten rauche ich nicht. Ich lebe gesund. Aber früher...

(7) Zur Zeit stehe ich oft ganz früh auf. Aber letztes Jahr...

(8) Jetzt trinke ich nur fettarme Milch. Aber als ich jünger war...

b Mach jetzt eine Präsentation über Fitness und Gesundheit. Du sollst erwähnen:

● Wie du fit und gesund bleibst.

● Was du in der letzten Woche für deine Fitness und deine Gesundheit gemacht hast.

● Warum manche Leute nicht gesund sind.

● Deine Pläne für deine Fitness und deine Gesundheit im kommenden Jahr.

5 **Für ein Schulprojekt sammelst du Informationen zum Thema: „Wie bleibe ich fit und gesund?". Mach jetzt eine Webseite, damit deine Mitschüler deine Tipps lesen können.**

2 ...und was ist nicht so gesund?

☑ Talk about and give advice on unhealthy lifestyles

☑ Use the modal verbs *müssen* and *dürfen*

1 💬📖 **Bitte sieh dir die Bilder an. Was meinst du? Welcher Kommentar passt zu welchem Bild?**

a Sie soll öfter Rad fahren.

b Er soll weniger Kaffee trinken.

c Er soll nicht so viele Zigaretten rauchen.

d Sie dürfen keine Drogen nehmen.

e Sie soll nicht so hart arbeiten.

f Er muss gesünder essen.

g Er muss jetzt ins Bett gehen.

h Sie soll weniger Alkohol trinken.

i Sie muss früher aufstehen.

j Er muss mehr Sport treiben.

2 🎧 **Bitte hör zu und mach Notizen. Was sagen Timo, Sonja und Lisa über ihre Familien?**

Person?	Ernährung?	Rauchen/ Alkohol?	Sport?	Weitere Information?
Timos Vater				
Sonjas Mutter				

⭐ **Top-Tipp**

Der Komparativ (*the comparative*)

To compare two things you use the comparative form of an adjective. This is formed by adding -*er* to the end of the adjective. A preceding vowel (a, u, o) takes an umlaut.

wenig	little	*weniger*	less
früh	early	*früher*	earlier
oft	often	*öfter*	more often
gesund	healthy	*gesünder*	healthier

Note:

viel	much	*mehr*	more

Unter der Lupe   Modalverben (*modal verbs*)

You have already met three modal verbs: *können*, *wollen* and *sollen* (page 66). Here are two more: *müssen* and *dürfen*. *Müssen* is used to say what you have to do. *Dürfen* is used to say what you are allowed to do.

	müssen (must/have to)	*dürfen* (may, to be allowed to)
ich	*muss*	*darf*
du	*musst*	*darfst*
er/sie/ es/man	*muss*	*darf*
Sie	*müssen*	*dürfen*
wir	*müssen*	*dürfen*
ihr	*müsst*	*dürft*
sie	*müssen*	*dürfen*
Sie	*müssen*	*dürfen*

Any extra information is placed between the modal verb and the infinitive main verb.

Sie **darf** kein Bier **trinken**.
Sie **muss** zu viel **arbeiten**.

What advice would you give to the following people? Use the familiar form (*du/ihr*) of *müssen* and *dürfen* and make more than one suggestion for each picture.

3 Schaut euch eure Notizen zu Übung 2 an. Was sagen die Kinder zu ihren Eltern und Lisa zu ihrem Bruder? Bitte wechselt euch ab.

Beispiel   Du darfst nicht so viele Zigaretten rauchen.

4 Aus der Apothekenzeitschrift.

a Bitte lies und diskutiere mit deinem Partner. Was machst du? Was machst du nicht?

Beispiel   Ich frühstücke jeden Tag.

b Wie kann man die Information des Apothekers mit einem Modalverb (müssen, dürfen, sollen) ausdrücken? Bitte wechselt euch ab.

Beispiel   Sie müssen jeden Tag in Ruhe frühstücken.

5 Deine deutsche Freundin in Hamburg hat Prüfungen und ist sehr gestresst. Sie isst nur Hamburger und trinkt Cola, schläft wenig und macht keinen Sport. Bitte schreib eine E-mail.

Hallo...
Du Arme! Du hast so viel Arbeit, aber Stress ist nicht gut. Du musst...

Der gute Rat des Apothekers

So leben Sie gesünder:
- Frühstücken Sie jeden Tag in Ruhe.
- Trinken Sie weniger Kaffee und mehr Wasser oder Früchtetees.
- Schlafen Sie auf jeden Fall 7 Stunden pro Nacht.
- Rauchen Sie nicht und trinken Sie nicht regelmäßig Alkohol.
- Bleiben Sie an der frischen Luft, wenn Sie können.
- Essen Sie Obst.
- Waschen Sie sich oft die Hände.
- Arbeiten Sie nicht von morgens bis spät abends.

3 Gute Besserung!

☑ Say that you are unwell and what is wrong with you

☑ Understand questions and instructions from the doctor

☑ Use the dative case

1 📖 **Bitte verbinde die Bilder mit dem richtigen Text.**

 (1)

 (2)

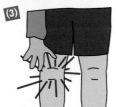 (3)

 (4)

 (5)

 (6)

 (7)

 (8)

a Ich habe Zahnschmerzen.

b Mir ist heiß.

c Ich habe Rückenschmerzen.

d Mein Knie tut mir weh.

f Mein Daumen tut weh.

e Ich habe Magenschmerzen.

h Meine Zehe tut weh.

g Meine Ohren tun weh.

i Mir ist kalt.

j Ich habe Halsschmerzen.

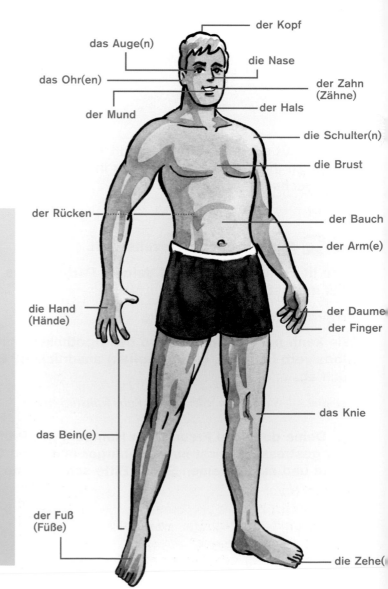

der Kopf

das Auge(n)

die Nase

das Ohr(en)

der Zahn (Zähne)

der Mund

der Hals

die Schulter(n)

die Brust

der Rücken

der Bauch

der Arm(e)

die Hand (Hände)

der Daume[n]

der Finger

das Knie

das Bein(e)

der Fuß (Füße)

die Zehe(

⭐Top-Tipp

There are various ways of expressing that you are feeling unwell.

You can just add -*schmerzen* (pain) to the part of the body that hurts:

Ich habe **Kopfschmerzen**.
Ich habe **Halsschmerzen**.

A familiar way of expressing discomfort used for all ailments is:

Mein Kopf **tut weh**.
Mein Knie **tut weh**.
Meine Ohren **tun weh**.

Other ailments include:

Ich habe { Husten (cough)
Grippe (flu)
Fieber (temperature)
Durchfall (diarrhoea)
Verstopfung (constipation)

Unter der Lupe   Der Dativ (*the dative case*)

Some expressions that you might need at the doctor's require the use of the dative case:

- The doctor might ask you:

    Wie lange sind Sie schon krank?
    Seit wann haben Sie Kopfschmerzen?

    How long have you been unwell?
    How long have you had a headache?

    Your answer will always include *seit*.

m	f	n
seit einem Tag	*seit einer Woche*	*seit einem Jahr*

Note: *seit Montag*

How would you tell a German doctor that you have been ill:

(1) since Wednesday
(2) for a month
(3) for an hour
(4) since July
(5) for 3 weeks

- If you want to tell the doctor that you feel hot, cold, dizzy or sick, you use the dative form of *ich*, which is *mir*:

    Mir ist schlecht.
    Mir ist schwindelig.

How would you say that you feel hot or cold?

2 Beim Arzt und beim Zahnarzt. Bitte hör zu und füll die Tabelle *auf Englisch* aus.

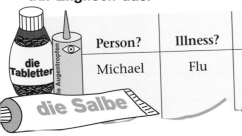

Person?	Illness?	Since when/ for how long?	What else?	Prescription/ treatment?
Michael	Flu	For 4 days	Feels cold	Tablets, 1 tablet 3× per day

das Rezept

3 Bitte macht Dialoge und wechselt euch ab.

Beispiel

Arzt Guten Tag, wo hast du Schmerzen?
Du *Ich habe Halsschmerzen.*
Arzt Wie lange hast du schon Halsschmerzen?
Du *Seit einer Woche.*
Arzt Was ist noch los?
Du *Ich habe Fieber.*
Arzt Ich schreibe dir ein Medikament auf.
    Nimm morgens und abends eine Tablette.

4 Du hast einen Ferienjob in Deutschland, aber du bist heute krank. Schreib eine E-mail an deinen Chef und erkläre, was los ist, was der Arzt gesagt hat und wann du wieder arbeiten kannst.

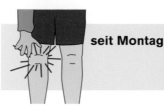

Vokabular

Gesunde Ernährung ist wichtig.	A healthy diet is important.
Ich lebe gesund.	I live healthily.
Ich esse viel Obst und Gemüse.	I eat a lot of fruit and vegetables.
Ich nehme Kräuter statt Salz.	I use herbs instead of salt.
Ich bewege mich regelmäßig.	I exercise regularly.
Ich trinke mindestens einen Liter Wasser pro Tag.	I drink at least one litre of water per day.
Gesüßte Getränke löschen nicht den Durst.	Sweetened drinks don't quench the thirst.
Ich esse sehr wenig Fett.	I eat very little fat.

Sie müssen/du musst…	You must…
…weniger Alkohol trinken.	…drink less alcohol.
…mehr Sport treiben.	…do more sport.
…fettarme Milch kaufen.	…buy reduced-fat milk.
…öfter spazieren gehen.	…go for a walk more often.
…viel an der frischen Luft bleiben.	…stay out in the fresh air a lot.
…mehr Obst essen.	…eat more fruit.
…mindestens 7 Stunden schlafen.	…sleep for at least 7 hours.
…kleine Portionen essen.	…eat small portions.
…früher ins Bett gehen.	…go to bed earlier.
…weniger Fett essen.	…eat less fat.

Sie dürfen nicht/du darfst nicht…	You mustn't…
…rauchen.	…smoke.
…so viel Kaffee trinken.	…drink so much coffee.
…so hart arbeiten.	…work so hard.
…ungesund leben.	…live unhealthily.

Ich bin krank.	I am ill.
Der Arzt hat Sprechstunde von 8 bis 12 Uhr.	The doctor's consultation hours are from 8 until 12 o'clock.
Ich habe…	I have got…
…Kopfschmerzen/Halsschmerzen/ Ohrenschmerzen/Magenschmerzen/ Zahnschmerzen/Rückenschmerzen.	…a headache/a sore throat/ earache/stomach ache/ toothache/backache.

An der Spitze

Mein Bein/Arm/Knie tut weh.	My leg/arm/knee hurts.
Meine Schulter/Nase tut weh.	My shoulder/nose hurts.
Meine Beine/Zähne tun weh.	My legs/teeth hurt.

Seit wann sind Sie krank?	How long have you been ill?
Wie lange haben Sie schon Halsschmerzen?	How long have you had a sore throat?
Ich habe...	I have had toothache...
...seit einem Tag/seit einer Stunde/	...for a day/for an hour/
seit 3 Wochen/seit Montag/	for 3 weeks/since Monday/
seit Juli	since July.
...Zahnschmerzen.	

Mir ist...	I feel...
...schlecht/heiß/kalt/schwindelig.	...sick/hot/cold/dizzy.
Ich habe...	I have...
...Grippe/Verstopfung/	...the flu/constipation/
Durchfall/Fieber.	diarrhoea/a temperature.

Ich schreibe Ihnen ein Rezept.	I'll write you a prescription.
Gehen Sie zur Apotheke.	Go to the chemist's.
Nehmen Sie/Nimm...	Take...
...einmal/zweimal/dreimal täglich	...once/twice/three times daily
...eine Tablette/zwei Tabletten/	...one tablet/two tablets/
Augentropfen/Hustensaft/	eye drops/cough mixture/
diese Salbe.	this cream.
Gute Besserung!	Get well soon!

die Tabletten

1 💬 Task: Travel and tourism

You are going to have a discussion about this picture. Here are some questions that your teacher might ask you.

- Wann hast du dieses Foto gemacht?
- Was findest du positiv/negativ, wenn du mit dem Zug reist?
- Wo warst du in deinen letzten Ferien?
- Wie war die Stadt und die Gegend?
- Was hast du dort gemacht und gesehen?
- Wie war das Wetter?
- Wie bist du dorthin gekommen?
- Wohin und mit wem fährst du im Sommer in Urlaub?
- Warum fährst du dahin?

2 🎧 You hear this message on the telephone answering machine of a tourist office. Choose the correct letter to complete the sentence.

(1) On weekend afternoons the tourist office is...
  a ...in the *Beethovenhaus*.
  b ...open until 16.30.
  c ...closed.

(2) The tourist office can book...
  a ...restaurants and boat trips.
  b ...hotels and theatre tickets.
  c ...entrance tickets for the *Beethovenhaus*.

(3) The map...
  a ...costs €5.
  b ...is free.
  c ...is large.

(4) Entrance to the *Beethovenhaus* costs...
  a ...€12.
  b ...€15.
  c ...about €5.

(5) The city is well known because...
  a ...the chancellor lives there.
  b ...it was the seat of the government.
  c ...there is a tourist office.

(6) Now you have the option to...
  a ...wait until the office is open.
  b ...dial another number.
  c ...use the tourist office in the *Beethovenhaus*.

3 📖 **In a German youth magazine you find this health interview with a German doctor, Dr Weigel. Please answer the questions below.**

Interviewer Herr Doktor Weigel, viele junge Menschen sind nicht gesund und leiden an Übergewicht. Das ist heute viel öfter der Fall als vor 20 oder 30 Jahren. Woran liegt das?

Dr. Weigel Dafür gibt es verschiedene Gründe, viele Jugendliche bewegen sich nicht genug und essen ungesund. Früher sind junge Menschen mit dem Rad zur Schule gefahren oder zu Fuß gegangen und nach der Schule waren sie auch viel aktiver.

Interviewer Warum benutzen die Jugendlichen ihr Fahrrad nicht mehr?

Dr. Weigel Der Verkehr hat sehr zugenommen mit vielen Autos auf der Straße. Die Eltern machen sich Sorgen und bringen ihre Kinder lieber mit dem Auto zur Schule. Nach der Schule haben die Jugendlichen das Fernsehen, ihr Handy, den Computer und Computerspiele. Sie haben auch mit ihren Freunden Kontakt und oft treiben sie weniger Sport. Sport ist nicht nur für die Gesundheit, sondern auch für den Kontakt mit Freunden wichtig.

Interviewer Ist die Ernährung auch ein Problem?

Dr. Weigel Ja, viele Jugendliche frühstücken nicht und kaufen dann auf dem Schulweg oder in der Schule einen ungesunden Snack. Viele Snacks enthalten zu viel Fett, Salz und Zucker. Sie essen nicht genug Obst und trinken zu wenig Wasser.

Interviewer Was trinken die Jugendlichen?

Dr. Weigel Viele Getränke mit zu viel Zucker wie zum Beispiel Cola oder Limonade. Wasser und Früchtetees sind viel besser.

Interviewer Und Fastfood?

Dr. Weigel Ja, Fastfood. Zwischendurch mal ein Hamburger schadet nicht, aber sich regelmäßig von Fastfood und Snacks zu ernähren und dazu wenig Bewegung ist ungesund für Jugendliche und für Erwachsene natürlich auch.

(1) What are the reasons for young people being overweight? (2)
(2) How are young people getting to school now and how is it different from 30 years ago? (2)
(3) What activities do young people like after school? (2)
(4) How can you keep in contact with friends after school? (2)
(5) Why is breakfast important? (1)
(6) What does Dr. Weigel say about drinks? (2)
(7) How could people stay healthier? (2)

4 🏔 **Task: Health**

Sport is important for good health, but some people suffer from aches and pains after taking part. Taking the images below as a cue, write an advertisement for a fantastic new ointment for minor sports injuries (you can give it a German name).

- Introduce your ointment.
- Explain what sort of injuries/aches it might be good for.
- Explain how long people might have suffered from a particular ache.
- Explain how long it might take for it to disappear once this ointment is used.
- Describe what the recommended usage is.

Be as inventive as possible, and add other problems that the ointment might be useful for. You may like to mention during which sports these injuries might occur. In any case you want to sell your ointment, so you have to be convincing.

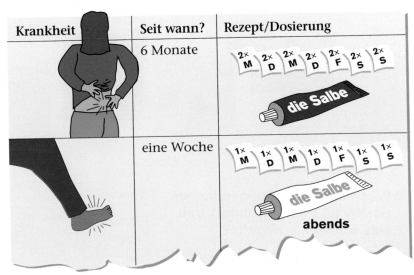

1 Was kann man in deiner Stadt machen?

☑ Describe your town
☑ Say what you can do in your town

1 📖 **Bitte lies folgende Texte.**

Meine Stadt ist eine ziemlich große Touristenstadt mit ungefähr 80 000 Einwohnern. Es gibt viele Sehenswürdigkeiten. Wir haben den alten Dom in der Stadtmitte oder das Schloss Kyburg außerhalb der Stadt. Leider kommen zu viele Touristen im Sommer aber zum Glück gibt es den Stadtgarten mit einem Kinderspielplatz und dem Musikpavillon, wo man in Ruhe seinen Lunch essen oder die Zeitung lesen kann.

Angelika

Ich wohne im Süden in einem kleinen Dorf auf dem Lande in der Nähe von Zürich. Die Landschaft ist malerisch aber das Dorfleben ist stinklangweilig, weil es nicht sehr viel für junge Leute gibt. Es gibt nur wenig Verkehr und man kann also ruhig spazieren gehen oder Rad fahren. Aber es gibt keine Unterhaltungsmöglichkeiten wie etwa ein Kino oder ein Sportzentrum. Wir haben bloß einen kleinen Laden.

Kevi

Ich lebe in einer Kleinstadt an der Küste. Es gibt immer etwas Interessantes zu tun. Man kann die vielen Museen und Kunstgalerien besuchen oder ins Theater gehen. Wir haben auch verschiedene Feste, wo man sich gut amüsieren kann. Die öffentlichen Verkehrsmittel sind aber nicht so besonders und man muss also unbedingt ein Auto haben.

Evangelos

Ich wohne in einer großen Industriestadt neben der Autobahn. Alles ist so schmutzig und es gibt viel zu viel Verkehr. Auf der anderen Seite ist immer viel los. Man kann ins Hallenbad gehen oder in den vielen Geschäften einkaufen und abends kann man im Nachtklub tanzen oder in ein Konzert gehen. In der Gegend gibt es einen Wald. Da kann man gut wandern.

Magdalena

a Welche Person ist das?

Beispiel 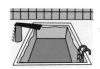 = Magdalena

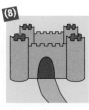

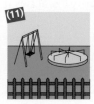

b Was finden diese Jugendlichen positiv an ihrem Wohnort und was finden sie negativ?

Füll die Tabelle aus.

Name	Positiv ☺	Negativ ☹
Angelika	viele Sehenswürdigkeiten...	
Kevin		

2 🎧 Hör bitte zu. Christoph, Lara und Lukas reden über ihren Wohnort.

Was sagen sie? Mach Notizen.

Name:	Christoph
Wohnort:	Großstadt,...
Was es gibt:	Flughafen,...
Was man machen kann:	rudern,...

Top-Tipp

das Dorf

die Industriestadt

die Hafenstadt

die Universitätsstadt

die Großstadt

an der Küste

auf dem Land

am Meer

neben der Autobahn

im Norden

im Westen

in der Nähe von

82 420 000

Einwohner

3a 💬 Macht Dialoge.

Beispiel

A Wo wohnst du?

B *Ich wohne in einer Marktstadt in Nordengland in der Nähe von Stafford. Es gibt 120 000 Einwohner.*

A Was gibt es in deiner Stadt?

B *Es gibt ein Kino und ein Eisstadion.*

A Was kann man dort machen?

B *Man kann Fußball spielen und einkaufen gehen.*

A Und wie findest du deinen Wohnort?

B *Ich finde meine Stadt toll, weil dort immer viel los ist.*

Marktstadt

Stafford

120 000

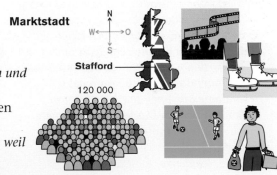

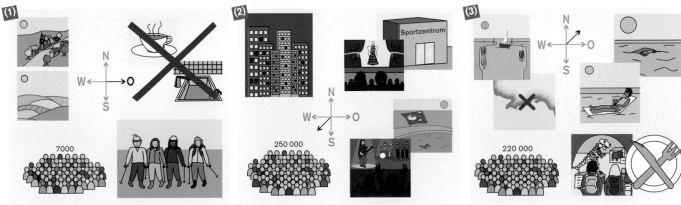

(1) 7000

(2) 250 000 Sportzentrum

(3) 220 000

b Mach jetzt eine Präsentation über deinen Wohnort. Du sollst erwähnen:

- Wohnort
- Sehenswürdigkeiten (*es gibt...*)
- Unterhaltungsmöglichkeiten (*man kann...*)

4 🏔 Mach eine Broschüre über deinen Wohnort und deine Gegend für deutsche Touristen.

2 ...und wie findest du deine Stadt?

- Give more detail about your home town and talk about your local area
- Use the verb *gefallen* to express likes and dislikes
- Revise other ways of expressing positive and negative opinions

1 📖 Was sagen Sergej, Florian und Elke?
Bitte lies die Texte. Was ist richtig und was ist falsch?
Bitte korrigiere die falschen Sätze.

Also ich komme aus Moskau und wohne jetzt in einem Hochhaus in Frankfurt. Die Stadt ist super! Frankfurt ist eine Großstadt und man kann eigentlich alles machen. Es gibt viele Sportmöglichkeiten, eine gute Fußballmannschaft, das gefällt mir alles, ich gehe gern ins Kino und spiele oft Fußball. Ich wohne gern hier. Natürlich gibt es auch Nachteile, wir haben keinen Garten und manchmal ist der Aufzug kaputt und wir müssen viele Treppen steigen.

Sergej

Wir wohnen auf dem Land in einem Bauernhaus im Schwarzwald. Klar der Schwarzwald ist Natur pur und viele Menschen machen hier Urlaub. Aber meiner Meinung nach ist es für junge Leute total langweilig. Hier ist nichts los, ein Spielplatz und ein Jugendklub am Samstagabend bis 23 Uhr, wir spielen Tischtennis, na super! Das nächste Kino ist in Freiburg, 45 km, die Busse fahren nach 19 Uhr kaum noch, und die Bushaltestelle ist im Ort, 15 Minuten zu Fuß von meinem Haus. Also ich mag es hier nicht. Wir haben einen Tennisplatz am Wald, das stimmt, und die Luft ist sauber...

Also ich wohne in einer Sackgasse in einer modernen Siedlung in Essen. Essen ist eine Großstadt und es gibt eigentlich viele Aktivitäten. Ich mache gern Sport und es gibt viele Sportklubs. Die Busse fahren regelmäßig in die Innenstadt und ich kann meine Freundinnen in einer Eisdiele oder zum Einkaufen treffen. Das gefällt mir. Unsere Siedlung ist am Stadtrand, sie liegt fast im Grünen. Das finde ich schön. Es gibt viele Bäume, ich denke, es ist super hier.

Elke

Florian

(1) Sergej wohnt in Moskau.
(2) Sergej geht gern ins Theater.
(3) Sergej glaubt, dass das Leben in Frankfurt gut ist.
(4) Im Schwarzwald gibt es viele Urlauber.
(5) Florian findet den Jugendklub ideal für junge Leute.
(6) Die Busverbindungen sind für Elke besser als für Florian.
(7) Elke macht mit ihren Freundinnen Sport.
(8) Die Stadt Essen ist für Elke nicht langweilig.

2 🎧 Sergej, Florian und Elke treffen sich auf einer Jugendfreizeit.
Du hast schon einige Informationen über Sergej, Florian und Elke.

Hör gut zu und kombiniere alle deine Informationen in dieser Tabelle.
Was ist positiv, was ist negativ an ihrem Heimatort?

Name	Wo? (Gegend/Stadt, Haus/Wohnung)	Positiv ☺	Negativ ☹
Sergej		Kino...	keinen Garten...

Unter der Lupe   Das Verb *gefallen* (*the verb* gefallen)

You have already met two ways of expressing your opinion:

- the verb *mögen*
  Das mag ich.
  I like that.
  Das mag ich nicht.
  I don't like that.

- the word *gern*
  Ich wohne gern in Essen.
  I like living in Essen.
  Ich gehe nicht gern ins Kino.
  I don't like going to the cinema.

Go back to Thema 3, page 26, if you need to revise the above expressions or turn to the grammar section at the back of the book.

Another way to say that you like or dislike something involves the verb *gefallen*, which is followed by the dative:

*Die Stadt gefällt **mir**.* **I** like the town.
(The town is pleasing **to me**.)
*Die Stadt gefällt **dir**.* **You** like the town.
*Die Stadt gefällt **ihm**.* **He** likes the town.
*Die Stadt gefällt **ihr**.* **She** likes the town.
*Gefällt **Ihnen** die Stadt?* Do **you** like the town?
*Die Stadt gefällt **uns**.* **We** like the town.
*Die Stadt gefällt **euch**.* **You** like the town.
*Die Stadt gefällt **ihnen**.* **They** like the town.
*Gefällt **Ihnen** die Stadt?* Do **you** like the town?

Look in the grammar section at the back of the book if you have problems with the dative pronouns (page 149).

To express dislike simply add *nicht*:
Die Stadt gefällt mir nicht.

Rewrite the following sentences using *gefallen*.

Example:
Ich mag die Stadt.
Die Stadt gefällt mir.

(1) Ich finde die Fußgängerzone gut.
(2) Ich mag die Brücke.
(3) Er findet das Kino langweilig.
(4) Wir mögen die Bibliothek nicht.
(5) Sie mag die Insel.

3 💬 Macht Dialoge. Wechselt euch ab. Wie findest du deine Stadt?

A Wo wohnst du? Auf dem Land, in der Stadt, in einem Vorort?
B *Ich wohne...*
A Gefällt dir deine Stadt/dein Dorf?
B *Ja, die Stadt gefällt mir./Nein, das Dorf gefällt mir nicht.*
A Wo genau wohnst du?
B *Ich wohne in einem Haus am Stadtrand.*
A Was magst du dort?
B *Ich mag meinen Garten/den Spielplatz/die Disko/die Eisdiele/die Fußgängerzone.*
A Und was machst du nicht gern?
B *Ich fahre nicht gern mit dem Bus./Ich steige nicht gern Treppen.*
A Ist in deiner Stadt/deinem Dorf viel los?
B *Ja, da ist immer viel los./Nein, es ist langweilig.*

⭐ Top-Tipp

Was kann man noch sagen?

Meiner Meinung nach ist diese Stadt/dieses Dorf langweilig.

Ich finde diese Stadt/ das Dorf langweilig.

Hier ist nichts los/viel los.

Ich wohne gern/nicht gern hier.

Ich mag meine Stadt. Ich mag meine Stadt nicht.

Das ist ein Vorteil/Nachteil.

4 📷 Dein Brieffreund/deine Brieffreundin besucht dich.

Schreib eine E-mail über deine Stadt.

Hallo _____

Ich freue mich, dass du kommst. Ich wohne.... Hier ist viel los/nichts los.... Ich mag.... ...gefällt mir.

3 Großstadt, Kleinstadt?

☑ Discuss and understand the advantages and disadvantages of living in a big or a small town

1 📖 **Was passt zum Leben in der Großstadt und was zum Leben in einer Kleinstadt? Mach zwei Listen.**

In der Großstadt	In der Kleinstadt

a Die Luft ist sauber.

b Es gibt viel Natur.

c Das Theater ist gleich um die Ecke.

d Abends fahren keine Busse.

e Man kann schön spazieren gehen.

f Manchmal ist es sehr laut.

g Nirgends kann ich mein Auto parken.

h Ich habe einen großen Garten mit Blick auf die Berge.

i Hier gibt es nur ein kleines Lebensmittelgeschäft.

j Der Verkehr geht mir auf die Nerven.

k Mit der U-Bahn bin ich schnell in meinem Büro.

l Ich hole frische Milch vom Bauernhof.

m Die Kinder können auf der Straße spielen.

n Einkaufen kann man hier schlecht.

o Hier braucht man ein Auto, sonst ist es schwierig.

p Ich finde es gut, dass die Kinder jeden Tag Kühe, Schafe und Pferde sehen.

q Ich brauche kein Auto, die Straßenbahn hält vor dem Haus.

r Hier ist es sehr ruhig und es gibt keine Probleme mit Drogen und Alkohol.

s Die Kinder haben viele Freizeitmöglichkeiten: Tennisklub, Sportverein, Musikschule, alles ist im Zentrum.

t Es gibt viele verschiedene Schulen in der Nähe.

2 💬 **Diskutiert die Vorteile und die Nachteile von Großstadt und Kleinstadt. Bitte seht euch die Bilder unten an und wechselt euch ab.**

A Möchtest du in einer Kleinstadt wohnen?

B *Nein, ich wohne lieber in der Großstadt, es gibt..., man kann... . Man braucht nicht... . Und du?*

A Ich wohne lieber in einer Kleinstadt, es gibt..., man kann... . Man braucht nicht... .

Top-Tipp

Ein Vorteil ist...

Ein Nachteil ist...

Man kann/ kann nicht...

Es gibt.../es gibt keinen, keine, kein...

Man hat...

Man braucht.../ braucht keinen, keine, kein...

Großstadt

Kleinstadt

3 Bitte lies beide Texte und beantworte die Fragen.

(1) Wo arbeiten viele Menschen in Leverkusen?

(2) Wie kann man in Büsum Geld verdienen?

(3) Was gibt es in beiden Orten, in Leverkusen und in Büsum?

(4) Nenne zwei Aktivitäten, die man als Tourist in Büsum machen kann.

(5) Nenne zwei Vorteile des Lebens in Leverkusen.

(6) Was ist vielleicht ein Nachteil in Leverkusen?

(7) Nenne zwei Vorteile des Lebens in Büsum.

(8) Was ist vielleicht ein Nachteil in Büsum?

(9) Wo möchtest du lieber wohnen, in Leverkusen oder in Büsum und warum?

Leverkusen liegt am Rhein in Nordrhein-Westfalen und hat ungefähr 160 000 Einwohner. Es ist eine Industriestadt. Seit 1863 gibt es dort die Firma Bayer, heute ein großer Chemiekonzern, der viele Arbeitsplätze hat.

Leverkusen liegt verkehrsgünstig, Autobahnen, Flugverbindungen und die Deutsche Bahn sind direkt vor der Tür. Es gibt dort ein Theater, Kinos, viele internationale Restaurants und viel Sport, besonders der Fußballklub Bayer Leverkusen, der ein modernes Stadion hat, das Bayarena heißt. Man kann auch gut einkaufen.

Es gibt auch viele Schulen und eine große Musikschule. Das Bergische Land ist ganz in der Nähe, dort kann man gut wandern und auch die historische Stadt Köln ist nicht weit.

Büsum ist ein kleiner Seeort an der Westküste von Schleswig-Holstein. „Moin" sagt man dort, nicht „Guten Morgen". Es ist ein Fischerort und hat nur ungefähr 4800 Einwohner. Es ist ein Nordseebad und im Sommer kommen viele Touristen mit dem Auto oder mit dem Zug dorthin. Am Strand stehen 2500 Strandkörbe, das sind große Sitze für Touristen. „Büsum erfrischt" ist das Motto des Seebades. Die Luft ist gesund, man kann einen Hafenbummel machen oder eine Wattwanderung, wenn Ebbe ist.

Es gibt eine Surfschule, viele Restaurants und Boutiquen.

4 Bitte hör die Radiodiskussion über das Leben in einer Großstadt oder Kleinstadt an und mach eine Liste von den Vorteilen und den Nachteilen, die du hörst.

Großstadt		Kleinstadt	
Vorteile	Nachteile	Vorteile	Nachteile

5 Wo möchtest du lieber wohnen, in einer Kleinstadt oder einer Großstadt? Mach ein positives Poster und schreib einige Sätze entweder über die Vorteile des Großstadtlebens oder über die Vorteile des Kleinstadtlebens und zeig es in deiner Klasse.

Vokabular

Ich wohne in...	I live in...
...einem kleinen Dorf/einer Großstadt/	...a little village/a city/
einer Industriestadt/einer Universitätsstadt/	an industrial town/a university town/
einer Kleinstadt.	a small town.

Die Stadt/das Dorf ist...	The town/the village is...
...ziemlich groß/klein.	...fairly big/small.
Es gibt nur 4000 Einwohner.	There are only 4,000 inhabitants.
Die Stadt hat 160 000 Einwohner.	The town has 160,000 inhabitants.
Das Haus/die Wohnung/	The house/the flat/the high-rise
das Hochhaus ist...	building is...
...auf dem Land/in der Stadt.	...in the country/in the town.

160 000

Mein Haus liegt...	My house is situated...
...im Süden/im Norden/	...in the south/in the north/
im Westen/im Osten.	in the west/in the east.
...an der Küste/am Meer/	...on the coast/at the seaside/
am Stadtrand/in der Stadtmitte/	in a suburb/in the town centre/
neben der Autobahn/	next to the motorway/
in einer modernen Siedlung/	in a modern housing estate/
in einem Industriegebiet.	in an industrial area.

Es gibt...	There is/there are...
...wenig/viel Verkehr.	...little/a lot of traffic.
...keine Unterhaltungsmöglichkeiten.	...no entertainment opportunities.
...öffentliche Verkehrsmittel/	...public transport/
keine öffentlichen Verkehrsmittel.	no public transport.
...einen alten Dom/	...an old cathedral/
einen Kinderspielplatz/	a children's playground/
einen Flughafen/eine Fußgängerzone/	an airport/a pedestrian precinct/
eine Kunstgalerie/ein Rathaus/ein Stadion.	an art gallery/a town hall/a stadium.

Meine Gegend ist...	My area is...
...malerisch/stinklangweilig/	...picturesque/extremely boring/
verkehrsgünstig/historisch.	conveniently situated/historic.
Die Luft ist gesund.	The air is healthy.
Es ist immer viel los.	There is always a lot going on.

Meistens ist nichts los.	There is usually nothing going on.
Der Ort ist ziemlich klein.	The place is fairly small.
Man braucht ein Auto.	You need a car.

Ein Vorteil ist, dass…	An advantage is that…
…es viele Sportmöglichkeiten gibt.	…there are many sports opportunities.
…es leicht ist, meine Freunde zu treffen.	…it is easy to meet my friends.
…man gut einkaufen kann.	…you can shop well.
Ein Nachteil ist, dass…	A disadvantage is that…
…die nächste Stadt sehr weit weg ist.	…the next town is very far away.
…abends keine Busse fahren.	…there are no buses in the evening.
…es für junge Leute sehr langweilig ist.	…it is boring for young people.
Es gibt viele Vorteile und Nachteile.	There are many advantages and disadvantages.

Meiner Meinung nach…	In my opinion…
…ist die Stadt sehr interessant.	…the town is very interesting.
…ist das Leben in unserem Dorf nicht gut.	…life in our village is not good.
Ich finde, dass Industrie gut für die Menschen ist.	I think that industry is good for the people.
Ich finde mein Dorf malerisch.	I think my village is picturesque.

Der Sportverein/die Fußballmannschaft/ das Leben hier gefällt mir.	I like the sports club/the football team/ life here.
Die Geschäfte/die Schulen gefallen mir.	I like the shops/the schools.

☑ **Shop for clothes**

☑ **Describe items of clothing**

☑ **Use *dieser*, *welcher* and the question words *was für***

1 Klamotten kaufen

1a 🎧 📖 **Bitte hör zu und lies mit. Was ist anders? Korrigiere die Fehler.**

Im Kleidungsgeschäft

Verkäuferin	Guten Tag! Kann ich Ihnen helfen?
Angelika	*Ich suche einen Pullover.*
Verkäuferin	Welche Größe haben Sie?
Angelika	*38.*
Verkäuferin	Und was für eine Farbe möchten Sie?
Angelika	*Grün, bitte.*
Verkäuferin	Ich habe diesen grünen Pullover in Größe 38.
Angelika	*Was kostet er?*
Verkäuferin	€28.
Angelika	*Ich möchte bitte den Pullover anprobieren. Wo ist die Umkleidekabine?*
Verkäuferin	Da vorne links.
Angelika	*Nein, der Pullover ist leider zu eng. Haben Sie vielleicht Größe 40?*
Verkäuferin	Ja, also bitte.
Angelika	*Ja, dieser Pullover passt mir gut. Ich nehme diesen Pullover.*
Verkäuferin	Kommen Sie zur Kasse. Wie wollen Sie zahlen?
Angelika	*Mit Bargeld, bitte.*
Verkäuferin	Gut. Behalten Sie die Quittung und dann können Sie den Pullover umtauschen, falls es ein Problem gibt. Also, schönen Tag noch. Auf Wiedersehen.
Angelika	*Auf Wiedersehen.*

b Wie sagt man das auf Deutsch? Suche im Dialog nach.

2 🎧 **Hör bitte zu. Was wollen diese Leute kaufen (1–4)?**

Füll die Tabelle aus.

	Was?	Größe?	Farbe?	Preis?	Weitere Informationen?
(1)					
(2)					

3 💬 **Macht bitte Dialoge.**

Beispiel

A Ich suche eine Jacke.
B *Welche Größe?*
A 36.
B *Und was für eine Farbe möchten Sie?*
A Blau, bitte.
B *Ich habe diese blaue Jacke in Größe 36.*
A Was kostet sie?
B *€42.*
A Könnte ich die Jacke anprobieren?
B *Ja, die Umkleidekabine ist vorne links.*
A Diese Jacke ist zu klein. Haben Sie Größe 38?
B *Ja, also bitte.*
A Ja, diese Jacke passt mir gut. Ich nehme sie. Wo ist die Kasse?

An der Spitze

Unter der Lupe   Was für ein (*what sort of*), welcher (*which*), dieser (*this/these*)

Was für (ein) is used to ask **what?** or **what sort of?** When *was für* is followed by *ein* remember that *ein* changes its form according to case and gender. (See page 147 if you cannot remember how *ein* changes.)

> *Was für ein Geschäft ist das?*
> What sort of shop is that?
> *Was für einen Rock möchten Sie?*
> What sort of skirt would you like?

In the plural, *ein* is left out:

> *Was für Schuhe tragen Sie?*
> What sort of shoes do you wear?

Welcher/welche/welches/welche is used to ask **which?** It follows the same pattern as *der*:

	m	f	n	pl
Nominative	*welcher Pullover*	*welche Farbe*	*welches Hemd*	*welche Schuhe*
Accusative	*welchen Pullover*	*welche Farbe*	*welches Hemd*	*welche Schuhe*
Dative	*welchem Pullover*	*welcher Farbe*	*welchem Hemd*	*welchen Schuhen*

> *Welches Kleid hast du gekauft?*
> Which dress did you buy?
> *In welchem Geschäft hast du das Kleid gekauft?*
> In which shop did you buy the dress?

Use *was für* when there is a wider choice on offer and *welcher* when the choice is more limited.

Dieser corresponds to the English **this** (**these** in the plural). It also follows the same pattern as *der* (see page 147).

> *Dieses Kleid passt mir gut.*
> This dress fits me well.
> *Ich habe diese Schuhe gekauft.*
> I bought these shoes.
> *Diesen Pullover mag ich nicht.*
> I don't like this jumper.

Put the following sentences into German.

(1) Which T-shirt do you like?
(2) I like this T-shirt. It costs only €16.
(3) What sort of clothes do you like wearing?
(4) Which shoes did you buy?
(5) These shoes are too tight. Have you got these shoes in size 42, please?
(6) Which shop has got a sale?
(7) What sort of car does he drive?
(8) I think this blue blouse is horrible.
(9) Which skirt do you have to wear for school?
(10) What sort of presents did you buy for your parents?
(11) What sort of person is she?
(12) I bought these trousers in this shop.

4 Mach eine Mode-Broschüre auf Deutsch.

Beispiel

Streifenjeans

Topmoderne Streifenjeans in bequemer 5-Taschen-Form!

Aktueller Wash-Out Effekt

€29.99

Größe
Alle Größen ein Preis
Ab Größe 34 bis Größe 54

Farbe:
blau   grau
oder schwarz

Material:
70% Baumwolle
25% Polyester
5% Elasthan

Länge ab ca. 108 cm

2 Das sind die Skier, die €200 kosten

☑ Talk about buying things for your hobbies
☑ Use relative pronouns

1 🎧 📖 🎓 **Bitte hör zu und lies mit.**

Timo Hallo Sonja, na, wie geht's?

Sonja *Gut, danke, was macht dein Computerhobby?*

Timo Ich habe einen neuen Computer, den ich erst vor 2 Tagen bekommen habe.

Sonja *Super, wo hast du ihn gekauft?*

Timo In dem PC-Geschäft, das erst vor 2 Monaten geöffnet hat.

Sonja *Ach ja, in der Gartenstraße, der Laden, der riesige Fenster hat.*

Timo Genau der! Da will ich jetzt hin und gucken, ob ich das Spiel finde, das ich suche.

Sonja *Du hast es gut, ein neuer PC! Ich habe immer noch den alten, den mein Vater von der Arbeit mitgebracht hat. Niemand dort will einen Computer, der schon 7 Jahre alt ist. Hast du eigentlich noch andere Hobbys?*

Timo Also Computer ist mein Haupthobby, aber ich mag auch Haustiere und Rockmusik, die Toten Hosen und so. Ich suche noch einen kleinen CD-Spieler, den ich mir leisten kann. Mein alter macht komische Geräusche, er ist wohl fast kaputt.

Sonja *Du kannst die CDs ja auch auf dem PC hören, da hast du ja das neueste Modell, das es gibt.*

Timo Und du, wie ist es bei dir mit anderen Hobbys?

Sonja *Ich treffe mich gern mit meinen Freunden. Dann gehen wir oft in die Eisdiele, die jetzt dort am Marktplatz ist oder ist das kein Hobby?*

Timo Doch, machst du auch Sport?

Sonja *Ich gehe manchmal mit Bettina in die Eishalle. Sie hat mir die Schlittschuhe geschenkt, die sie nicht mehr braucht. Sie hat neue gekauft, die moderner und schneller sind.*

Timo Da bist du sicher ziemlich fit...ich muss jetzt weiter, sonst macht das Geschäft zu, bevor ich nach dem Computerspiel gucken kann...

Das ist der Mann, der gut Ski läuft.

Das ist die Frau, die im Juli in Spanien Urlaub macht.

Das ist das Kind, das so gut Geige spielt.

a Was stimmt und was stimmt nicht? Bitte korrigiere die falschen Aussagen.

(1) Timo bekommt seinen Computer in 2 Tagen.

(2) Das PC-Geschäft ist neu in der Stadt.

(3) Sonja möchte auch einen neuen Computer.

(4) Timo hat auch einen neuen CD-Spieler.

(5) Sonja kann Schlittschuh laufen.

(6) Sonja hat neue Schlittschuhe gekauft.

b Sucht die Relativsätze in dem Dialog und macht eine Liste in der Gruppe.

Unter der Lupe   Relativpronomen *(relative pronouns)*

Relative pronouns are used to link two sentences.

- A relative clause begins with a relative pronoun.
- Relative pronouns also exist in English (**that**, **who**, **which** etc.).
- In German relative pronouns send the verb to the end of the sentence.
- Unlike in English, you **cannot** omit the relative pronoun in German.

Example 1

> *Der Mann heißt Walter. Er spielt gut Tennis.*
> The man is called Walter. He plays tennis well.

Since *Der Mann* and *er* refer to the same person you can turn the two sentences into one. This is done by means of a relative pronoun. The masculine relative pronoun in this sentence would be *der* (for the other forms see the table opposite).

> *Der Mann, der gut Tennis spielt, heißt Walter.*
> The man who plays tennis well is called Walter.

The relative pronoun must agree in number and gender with the noun to which it refers. The case of the relative pronoun, however, depends on the role it plays in the relative clause, as shown in the next example.

Example 2

> *Der Hund ist klein. Ich möchte den Hund.*
> The dog is small. I would like the dog.

In the second sentence the dog is in the accusative case, which is used for people or things that you want or have, so its 'role' in the sentence is different from in the first example (see page 147 for the accusative case).

Because *Hund* is masculine and in the accusative case in the relative clause, you have to use *den* to link the two sentences.

> *Der Hund, den ich möchte, ist klein.*
> The dog which/that I want is small.

You may also hear or read the following:

> *Der Freund, mit dem ich Fußball spiele, wohnt in Köln.*
> The friend with whom…

Below is a list of the nominative, accusative and dative forms of the relative pronouns:

	m	f	n	pl
Nominative	der	die	das	die
Accusative	den	die	das	die
Dative	dem	der	dem	denen

Can you link the following sentences with a relative pronoun?

(1) Der Lehrer wohnt in Berlin. Er kauft einen Ferrari.

(2) Meine Großmutter kocht gern Schnitzel. Sie ist sehr alt.

(3) Meine Freundin hat kein Haustier. Sie liebt meinen Hund.

(4) Das Kind isst zu viele Süßigkeiten. Es kauft gerade 200g Schokolade.

(5) Der Junge spielt toll Fußball. Ich mag ihn.

(6) Die Sportlerin ist sehr fit. Der Interviewer findet sie interessant.

2 🗨 **Bitte macht Dialoge und wechselt euch ab.**

a A Guten Tag, was möchtest du?
   B *Haben Sie Skier?*
   A Ja, welche? (*welchen*/masculine, *welche*/feminine, *welches*/neuter)
   B *Ich möchte die Skier, die €200 kosten.*
   A Gut, hier sind die Skier, die €200 kosten.
   B *Vielen Dank.*

b Was kaufst du für dich? Bitte macht Dialoge.

3 🖼 **Schreib eine E-mail an deinen Freund/ deine Freundin über deine Hobbys und was du dafür kaufen musst und nimm mindestens dreimal ein Relativpronomen.**

3 Auf der Post, in der Bank und im Fundbüro

☑ Talk about buying stamps and sending items

☑ Talk about changing money

☑ Report a loss

Auf der Post

1 🎧 **Hör bitte zu und finde das passende Bild.**

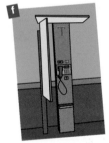

2 💬 **Macht Dialoge. Tauscht Rollen.**

Am Schalter

A Guten Tag. Ich möchte bitte

nach /

 / schicken. €??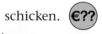

B 55c €1,10 €4,60 €6,20 . *Sonst noch etwas?*

A Ja, ich hätte gern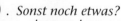

zu 55c 50c €1,20 €7,50 .

B *Bitte sehr.*

A Wo ist   , bitte?

B *Draußen, links.*

In der Bank Deutsche Bank

3a 🎧 📖 **Hör bitte zu und lies mit.**

Am Schalter 1

A Guten Tag. Kann ich bitte diesen Reisescheck einlösen?

B *Haben Sie den Reisepass dabei?*

A Hier, bitte.

B *Gut. Also unterschreiben Sie hier. Sie bekommen €100. Was für Scheine möchten Sie?*

A Einmal €50, zweimal €20 und einmal €10, bitte.

B *Bitte schön.*

Am Schalter 2

A Ich möchte englische Pfund in Euro umtauschen, bitte. Wie steht der Kurs?

B *Für £1 bekommen Sie €1,39.*

A Ich möchte also £100 wechseln, bitte.

B *Das macht €139. Bitte unterschreiben Sie.*

A Danke. Auf Wiedersehen.

b 🔺 **Wie sagt man das auf Deutsch?**

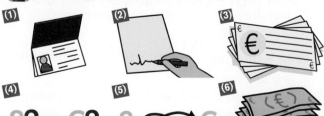

4 💬 Macht Dialoge. Tauscht Rollen.

Auf der Post und in der Bank

5 🎧 Hör bitte zu.

**Was möchten diese Leute (1–5)?
Und was kostet das? Oder wie viel Geld
bekommen sie? Füll die Tabelle aus.**

	Was?	Preis/wie viel Geld?
(1)		
(2)		

Im Fundbüro

6 🎧 📖 Hör bitte zu und lies mit.

A Ich habe mein Handy verloren.
B *Können Sie es beschreiben?*
A Es ist klein und grau. Es ist ein Nokia. Es hat viel Geld gekostet.
B *Wo haben Sie es verloren?*
A Also ich bin mit dem Bus in die Stadt gefahren und dann bin ich ins Kino gegangen. Ich glaube, das war im Kino.
B *Wann war das so ungefähr?*
A Heute Nachmittag, so gegen 2 Uhr.

B *Wir müssen dieses Formular ausfüllen. Wie heißen Sie?*
A Smith, Elizabeth Smith.
B *Wo wohnen Sie hier?*
A Ich wohne bei meiner Brieffreundin, in der Albertstraße, Nummer 205.
B *Und wie kann ich Sie erreichen?*
A Die Telefonnummer meiner Brieffreundin ist 02 47 48 46.
B *Wann fahren Sie zurück nach England?*
A Ich fahre nächsten Dienstag zurück.

7 🎧 Hör bitte zu und füll die Tabelle aus.

	Was?	Beschreibung?	Wo?	Wann?	Wie kann man ihn/sie erreichen?	Wann fährt er/sie zurück?
(1)						

8 💬 Lest nochmals den Dialog in Übung 6.
Macht jetzt eigene Dialoge mit den Informationen aus der Tabelle oben.

9 ✏️ Schreib einen Brief an das Fundbüro. Du sollst erwähnen:

- *was du verloren hast*
- *wie das aussieht*
- *wo du das verloren hast*
- *wann das war*
- *wie man dich erreichen kann*
- *wann du zurück nach Hause fährst*

Fundbüro

Vokabular

Kann ich Ihnen helfen?	Can I help you?
Ich suche...	I am looking for...
...einen Pullover/eine Hose/	...a jumper/trousers/
ein Kleid/schöne Handschuhe/	a dress/pretty gloves/
Schlittschuhe.	ice skates.
Was für eine Farbe/Größe möchten Sie?	What colour/size would you like?
Das ist aus Baumwolle/Wolle/Seide.	That's made of cotton/wool/silk.
Wo ist die Umkleidekabine?	Where is the changing room?
Ich möchte diese Jacke anprobieren.	I would like to try on this jacket.
Dieser Mantel/diese Hose/dieses Kleid...	This coat/these trousers/this dress...
...passt mir.	...fit(s) me.
...ist zu eng/groß/klein/teuer.	...is/are too tight/big/small/expensive.
Dieser Mantel/diese Hose/dieses Kleid	I like this coat/these trousers/this dress.
gefällt mir.	

Ich bezahle mit...	I am paying...
...Scheck/Bargeld/	...by cheque/with cash/
Kreditkarte.	by credit card.
Behalten Sie die Quittung.	Keep the receipt.
Sie können...	You can exchange...
...den Pullover/die Jacke/	...the jumper/the jacket/
das Geschenk	the present.
...umtauschen.	

Welcher Pullover gefällt dir?	Which jumper do you like?
Welche Bluse möchtest du?	Which blouse would you like?
Welches Kleid passt dir besser?	Which dress fits you better?
Welche Schlittschuhe sind billiger?	Which ice skates are cheaper?
In welchem Geschäft hast du das gekauft?	In which shop did you buy that?

Das ist der Computer, der schon 7 Jahre alt ist.	This is the computer that is 7 years old.
Das ist die Eisdiele, die am Marktplatz ist.	This is the ice-cream parlour that is on the market square.
Das ist das Spiel, das ich suche.	This is the game that I am looking for.
Ich möchte Skier, die nicht so teuer sind.	I would like skis that are not so expensive.

Ich möchte…	I would like to send…
…einen Brief/eine Postkarte/ein Päckchen	…a letter/a postcard/a parcel.
…schicken.	
Ich hätte gern…	I would like…
…eine Telefonkarte/	…a phone card/
zwei Briefmarken zu 55 Cent.	two 55 cent stamps.
Ich möchte…	I would like to…
…Reiseschecks einlösen/	…cash in travellers' cheques/
englische Pfund in Euro	change English pounds into euros.
…umtauschen/wechseln.	
Bitte unterschreiben Sie hier.	Please sign here.

Wo ist das Fundbüro?	Where is the lost property office?
Ich habe…	I have lost…
…meinen Reisepass/meinen Regenschirm/	…my passport/my umbrella/
meinen Koffer/meinen Geldbeutel/	my suitcase/my purse/
meine Jacke/meine Tasche/	my jacket/my bag/
mein Geschenk/mein Fahrrad	my present/my bicycle.
…verloren.	
Ich habe ihn/sie/es…	I lost it…
…heute Nachmittag/gestern Abend	…this afternoon/last night.
…verloren.	
Ich habe ihn/sie/es…	I lost it…
…im Schwimmbad/auf der Post	…in the swimming pool/post office.
…verloren.	
Können Sie/kannst du…	Can you describe…
…den Koffer/die Jacke/das Fahrrad	…the suitcase/the jacket/the bicycle?
…beschreiben?	
Er/sie/es ist…	It is…
…grün/groß/klein/teuer.	…green/big/small/expensive.
Ich wohne…	I live/am staying…
…bei einer Freundin/in der Albertstraße/	…at a friend's/on Albert Street/
im Hotel Brandenburg	in Hotel Brandenburg.

1 ...und was soll ich einkaufen?

1 📖 Was passt zusammen?

Beispiel   (1) e

Wenn du Probleme hast, schau bitte im Wörterbuch nach!

(1) ein Glas Kirschmarmelade

(2) ein Becher Erdbeerjoghurt

(3) ein Stück Apfelkuchen

(4) ein großer Blumenkohl

(5) ein Kilo Zwiebeln

(6) vier Bananen

(7) ein Paket Kaffee

(8) ein Pfund Käse

(9) 600 Gramm Bratwurst

(10) ein halbes Kilo Rindfleisch

(11) eine Dose Gemüsesuppe

(12) sechs Scheiben Schinken

(13) eine Tüte Kartoffelchips

(14) eine Flasche Rotwein

(15) ein Kasten Bier

(16) ein kleines Weißbrot

(17) eine Packung Waschpulver

(18) eine Tüte Bonbons

(19) eine Schachtel Pralinen

(20) eine Tafel Schokolade

(21) ein Liter Milch

(22) eine Tube Senf

- ☑ Revise food items
- ☑ Revise how to form plurals

 a
 b
 c
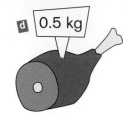 d 0.5 kg
 e
 f
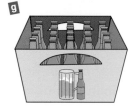 g
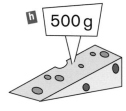 h 500 g
 i
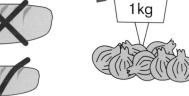 j 1kg
 k
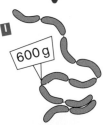 l 600 g
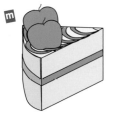 m
 n Waschpulver
 o
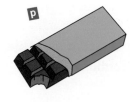 p
 q Joghurt
 r Milch 1L
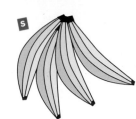 s
 t
 u Senf
 v

An der Spitze

nter der Lupe   Der Plural (*the plural*)

The best way to remember the plural form is to learn it together with each noun in the singular. Note that there are many exceptions to the rules given below.

- Plural **masculine nouns** usually end in *-e* (where appropriate there is also an umlaut).
  der Tisch – die Tische, der Baum – die Bäume

  There is **no plural ending** for masculine nouns that end in *-el, -en* or *-er*.
  der Lehrer – die Lehrer, der Schlüssel – die Schlüssel

- Plural **feminine nouns** usually end in *-n* or *-en*.
  die Frau – die Frauen, die Blume – die Blumen

- Plural **neuter nouns** usually end in *-e* or *-er* (where appropriate there is also an umlaut).
  das Spiel – die Spiele, das Buch – die Bücher

- The plural ending **-s** is used only for nouns that come from foreign languages.
  das Auto – die Autos, das Kino – die Kinos, das Restaurant – die Restaurants

(1) Look again at the list of food items in Übung 1. Note any plurals you can find.

(2) What is the plural form of the following nouns?
   die Zitrone
   die Karotte
   das Ei
   der Kuchen
   die Flasche
   die Schachtel
   die Dose
   die Packung
   die Tüte
   das Brot
   der Saft

2 🎧 **Was kaufen die Leute? Bitte hör zu und füll die Tabelle aus.**

Jede Person kauft mehrere Produkte. Wo ist die Person?
- *Auf dem Markt?*
- *In der Bäckerei?*
- *Im Süßwarengeschäft?*
- *Im Supermarkt?*
- *In der Metzgerei?*

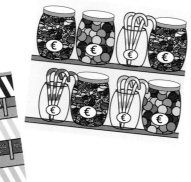

Person	Geschäft?	Was kauft er/sie?	Wie viel kauft er/sie?	Preis?
Person 1				

3 📝 **Schreib deine Einkaufsliste mit zehn Produkten.**

Einkaufsliste

2 Ich hätte gern einen Kasten Bier...

☑ **Practise shopping transactions**

☑ **Revise definite and indefinite articles in the nominative and accusative cases**

☑ **Revise adjective endings in the nominative and accusative cases**

1 🗣️ **Jetzt seid ihr dran.**

Was möchtet ihr kaufen? Macht Dialoge.

> Du sagst:
>
> Ich möchte...
>
> Ich hätte gern...einen großen Kuchen, eine kleine Dose Ananas, ein langes Brot.
>
> Haben Sie...?
>
> Das ist alles.
>
> Das wär's.
>
> Was kostet das/macht das?

Verkäufer(in)	Guten Tag, bitte schön?
Kunde/Kundin	*Ich möchte... . Ich hätte gern... .*
Verkäufer(in)	Sonst noch etwas?
Kunde/Kundin	*Ja, haben Sie... ? Ich möchte... .*
Verkäufer(in)	Ist das alles?
Kunde/Kundin	*Ja, was macht das?/ Was kostet das?*
Verkäufer(in)	Das macht/kostet...
Kunde/Kundin	*Tschüs.*

> **Der Verkäufer/die Verkäuferin sagt:**
>
> **Kann ich dir/Ihnen helfen?**
>
> **Bitte schön?**
>
> **Sonst noch etwas?**
>
> **Ist das alles?**
>
> **Das macht/kostet €20,45.**

€0,60  €0,20  1kg = €0,75

€2,90  €1,50 €1,50  €1,10 €1,10 €1,1

€2,40  €1,20 €1,30  €1,30

€8,90 €2,62  500 g €3,69  €1,20  €0,6

Unter der Lupe

Wiederholung von Nominativ und Akkusativ

(*revision of nominative and accusative*)

Do you remember the nominative forms of the definite and indefinite articles? (see page 147)

Here they are again:

m	f	n	pl
der rote Apfel	die gelbe Banane	das gute Fleisch	die schönen Erdbeeren
ein roter Apfel	eine gelbe Banane	ein gutes Fleisch	schöne Erdbeeren

Only the masculine form changes in the accusative case:

den roter Apfel   *einen* roten Apfel

Ich möchte den kleinen Kuchen/einen roten Apfel/einen großen Blumenkohl.

2 📖 🏠 **Du planst eine Party für zehn Freunde.**

Hier ist die E-mail von deiner besten Freundin.

Was antwortest du?

Hallo!

Das ist ja toll, dass bei dir am Samstag eine Party steigt!

Sind deine Eltern da, oder gehen sie aus?

Was essen wir und was trinken wir? Willst du wirklich alles kaufen?

Alle essen gerne Käse und Salat natürlich. Kuchen, Torte oder Schokolade sind auch gut.

Schreib mal, was du kaufst! Oder sollen wir auch etwas mitbringen, Cola, Chips oder so?

Bis Samstag!

Gruß

Sabine

Liebe Sabine,

3 ...und wo gehen wir essen?

☑ Order meals in a restaurant and learn how to make a complaint

☑ Express preferences in your choice of meals

☑ Revise the present tense of *geben*, *essen* and *nehmen*

☑ Use the dative to express your likes and dislikes

1  **Welches Bild passt?**

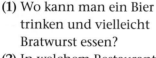
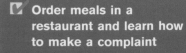

(1) Wo kann man ein Bier trinken und vielleicht Bratwurst essen?

(2) In welchem Restaurant kann man Frühlingsrolle essen?

(3) Wo kann man gut gegrilltes Fleisch essen?

(4) Ich möchte nur ein Eis, wo kann man Eis essen?

(5) Ich möchte nur einen schnellen Kaffee?

(6) Ich esse am liebsten Fisch.

(7) Ich möchte in einem kleinen Hotel Schnitzel und Pommes essen.

(8) In welchem Restaurant möchtest du am liebsten essen?

2 **Bitte sieh die Speisekarte an und beantworte die Fragen und benutze die richtige Form der Verben *essen* und *nehmen*. Du kannst in allen Sätzen beide Verben benutzen.**

(1) Thomas hat nicht viel Hunger und isst gern Käse. Was kann Thomas nehmen? Er nimmt...

(2) Lisa möchte Fisch und ein kaltes Getränk, aber sie hat nicht viel Geld. Was kann sie essen und trinken?

(3) Kerstin ist Vegetarierin und möchte etwas Kaltes, aber kein Brötchen. Was ist gut für sie?

(4) Herr Schneider hat viel Appetit. Er möchte eine warme Vorspeise, isst gern Fleisch und Reis und er liebt Schokolade. Was ist vielleicht sein Menü?

(5) Frau Schneider macht eine Diät, sie möchte abnehmen, aber sie möchte, wie ihr Mann, Vorspeise, Hauptgericht und Nachspeise essen. Was wählt sie?

Speisekarte

HOTEL AM MARKT

Für den kleinen Appetit/Vorspeisen

Tomatensuppe mit Brot	€ 3,20
Champignonsuppe mit Brot	€ 3,80
Kartoffelsalat mit Würstchen	€ 5,20
Tomaten mit Mozzarella und Basilikum	€ 5,90
Käsebrötchen	€ 2,95
Schinkenbrötchen	€ 3,45

Vegetarische Speisen

Spaghetti mit Tomatensoße	€ 5,10
Bunter Salatteller	€ 6,75
Käseomelette mit Schwarzbrot	€ 6,20

Hauptgerichte

Bratfisch mit Pommes Frites	€ 6,35
Lachs mit Kartoffeln und Salat	€ 8,65
Currywurst mit Brötchen und Salat	€ 6,30
Wiener Schnitzel mit Kartoffeln und Gemüse	€ 9,50
Ungarischer Gulasch mit Reis	€ 9,70

Nachspeisen

Gemischtes Eis mit Sahne	€ 2,50
Obstsalat	€ 2,75
Schokoladencreme	€ 2,90
mit Sahne	€ 2,40
	€ 2,65

Getränke

Coca-Cola 0,25 l	€ 1,50
Fanta 0,25 l	€ 1,50
Apfelsaft 0,2 l	€ 1,70
Glas Weißwein/Rotwein 0,2 l	€ 2,25
Bier (Pils) 0,5 l	€ 2,00
Tasse Kaffee	€ 1,20
Glas Tee mit Zitrone	€ 1,10

An der Spitze

3 Bitte hör zu und kreuze an.

a Wer sagt was?

	Gast	Kellner
Haben Sie noch einen Tisch frei?	✓	
Ja, hier in der Ecke?		
Nein danke, aber die Rechnung bitte.		
Was kann ich Ihnen zu trinken bringen?		
Das Fleisch ist zu kalt.		
Ich hätte gern den ungarischen Gulasch.		
Noch ein Bier bitte.		
Ja, sofort.		

b Was isst/trinkt der Mann, was isst/trinkt die Frau?

Mann	Frau	Weitere Informationen

4 Macht Dialoge in der Gruppe. Hört noch einmal den Dialog in Übung 3.

Ihr braucht einen Kellner/eine Kellnerin und Gäste. Nehmt die Speisekarte aus Übung 2.

Kellner/Kellnerin („Bedienung")

Hier ist die Speisekarte.

Was möchten Sie trinken?

Möchten Sie bestellen?

Was kann ich für Sie tun?

Was nehmen Sie?

Was essen Sie?

Schmeckt es Ihnen?

Hier ist...

Ja, das geht/natürlich.

Gast

Haben Sie einen Tisch für zwei/drei/vier/fünf... Personen?

Ich nehme/ich esse/ich möchte/ich hätte gern...

Wir möchten bestellen.

Geht das?

Das Fleisch ist zu kalt, die Suppe ist zu salzig, die Cola ist zu warm, das Eis schmeckt (mir) nicht.

Das Essen schmeckt gut.

Die Rechnung, bitte/ich möchte zahlen.

Stimmt so. (*Keep the change.*)

Unter der Lupe

gern/lieber/am liebsten

In order to express:
- that you **like** eating (drinking/doing) something, you place *gern* after the verb
- that you **prefer** something, you place *lieber* after the verb
- your **favourite** choice, you use *am liebsten* after the verb

Ich esse gern Kartoffeln. I like eating potatoes.
Ich esse lieber Nudeln. I prefer eating pasta.
Ich esse am liebsten Reis. I like eating rice best of all.

(1) Choose three food items and put them in your order of preference.

(2) Can you do the same for three desserts and three drinks?

Unter der Lupe

Like the verb *gefallen* (see page 93) the verb *schmecken* (to taste) takes the dative case.

Schmeckt Ihnen/dir das Eis? Does the ice cream taste good to you? Do you like the ice cream?
Das Eis schmeckt mir. I like the ice cream.
Das Eis schmeckt mir nicht. I don't like the ice cream.

Write down five food items that you like or dislike and make sentences using *schmecken*.

5 Schreib eine Einladung an einen Freund/eine Freundin. Du möchtest mit ihm/ihr im Hotel am Markt (Speisekarte in Übung 2) essen.

- *Wann (Zeit, Tag, Datum) trefft ihr euch?*
- *Wo trefft ihr euch?*
Erklär dem Freund, was man dort essen kann und wie viel es ungefähr kosten wird.

Unter der Lupe   A reminder!

Some verbs that have an 'e' in the stem (*geben, nehmen, essen* etc.) change the vowel to an 'i' in the second and third person singular **in the present tense** (see page 3).

	geben (to give)				*nehmen* (to take)				*essen* (to eat)		
ich	gebe	*wir*	geben	*ich*	nehme	*wir*	nehmen	*ich*	esse	*wir*	essen
du	gibst	*ihr*	gebt	*du*	nimmst	*ihr*	nehmt	*du*	isst	*ihr*	esst
er/sie/es	gibt	*sie*	geben	*er/sie/es*	nimmt	*sie*	nehmen	*er/sie/es*	isst	*sie*	essen
Sie	geben	*Sie*	geben	*Sie*	nehmen	*Sie*	nehmen	*Sie*	essen	*Sie*	essen

4 Gesund essen

☑ **Talk about healthy eating**

☑ **Understand a recipe**

1 **Lies bitte diese Texte.**

Fastfood ist schon sehr fettig und nicht gesund. Aber auf der anderen Seite geht es wirklich schnell und schmeckt herrlich. Ein reich gefüllter Döner kostet nur €4,50 und nach dem Essen bist du wirklich satt.

Angelika

www.dge.de

Häufig essen Kinder zu viel und zu süß. Überall locken süße Snacks und Softdrinks für Zwischendurch. Aber Süßigkeiten enthalten viel Zucker. Daher soll man Süßwaren nur sparsam essen, damit man nicht dick wird.

Magdalena

Besser essen. Mehr bewegen.
KINDERLEICHT
www.kinder-leicht.net

www.schuleplusessen.de

Obst und Gemüse enthalten nur wenig Kalorien und helfen dir dabei, dein Immunsystem zu schützen. Täglich fünf Portionen Obst und Gemüse — am besten drei Portionen Gemüse und zwei Portionen Obst — sind ideal, damit du gesund bleibst.

Man soll nur wenig Fett essen, damit das Risiko einer Herzkrankheit gering bleibt. Fleischwaren enthalten leider zu viel Fett. Auch soll man mäßig Milchprodukte, Ei, Fleisch und Fisch essen, dafür aber viel Vollkornbrot, Nudeln, Kartoffeln und Reis.

Jens

5 am Tag
OBST & GEMÜSE
www.5amTag.de

Lukas

a Wer sagt das? Trage den richtigen Namen ein.

(1) Kuchen und Kekse lieber lassen.	
(2) Du hast keinen Hunger nach der Mahlzeit.	
(3) Wenig Wurst essen.	
(4) Viel Apfelsinen und Kohl essen.	
(5) Imbisse sind preisgünstig.	
(6) Spaghetti essen.	

b Was soll man essen? Was soll man nicht essen? Warum? Füll die Tabelle aus.

Du sollst lieber essen	Warum?	Du sollst lieber *nicht* essen	Warum?

2 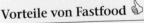 **Hör bitte zu.**

Fastfood: Was ist positiv und was ist negativ? Mach Notizen auf Deutsch.

Vorteile von Fastfood 👍	Nachteile von Fastfood 👎

3 💬 **Und du? Isst du gesund? Mach eine Präsentation für die Klasse.**

Du sollst erwähnen:
- *was du isst*
- *ob es gesund ist*
- *warum*

4 📖 Lies bitte dieses Rezept.

Gemüsepfanne

Mittagessen-Rezept von Cordelia (17) aus Hildesheim, Niedersachsen (Deutschland)

Zutaten

1–2 Zwiebel
(in Würfel schneiden)
2 Stangen Lauch
(in Scheiben schneiden)
250 g Karotten
(in Würfel schneiden)
100 g Sellerie
(in Scheiben schneiden)
1–2 kleine Zucchini
(in Würfel schneiden)
1 Paprikaschote
(in Streifen schneiden)
100 g Kartoffeln
(in Würfel schneiden)
¼ Liter Gemüsebrühe, evtl. Salz
⅛ Liter Wasser

So geht's

Gemüse waschen, putzen und klein schneiden. Mit etwas Margarine in einer Pfanne anbraten. Salz, Gemüsebrühe und Wasser dazugeben und ca. 25 Min. kochen lassen.

Tipp

Du kannst anstatt Kartoffeln auch Reis nehmen. Dazu kochst du ca. 100 g Reis mit etwas Salz in einem Extra-Topf und gibst ihn zum Gemüse dazu. Alles zusammen dann noch ca. 5 Min. auf kleiner Flamme kochen lassen.

Kann ich nur weiterempfehlen, schmeckt ausgezeichnet gut. Ich wünsche allen einen guten Appetit, und ich würde mich über eine E-mail freuen, damit ich weiß, ob es geschmeckt hat, oder nicht.
Cord.elia969390@aol.com Danke!

5 🏔 Hast du ein Lieblingsgericht? Schreib das Rezept auf Deutsch auf!

Finde die deutschen Ausdrücke.

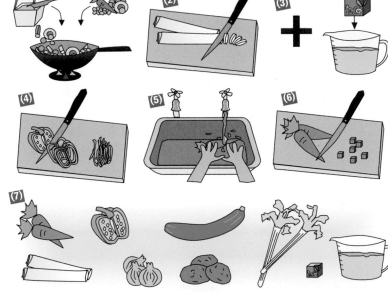

🔍 Unter der Lupe

Damit (*so that, in order that*)

Damit is a subordinating conjunction. You have already met some subordinating conjunctions:
  e.g. *weil, wenn, dass, als*
Subordinating conjunctions send the verb to the end of the subordinate clause.
  *Man soll viel Obst essen, **damit** man gesund **bleibt**.*
  You should eat lots of fruit so that you stay healthy.
  ***Damit** man nicht dick **wird**, soll man wenig Fett essen.*
  So that you don't get fat, you should eat little fat.

Note that *so dass* means *as a result* or *with the result that* and is another subordinating conjunction:
  *Er hat immer viel Obst und Gemüse gegessen, **so dass** er jetzt top gesund ist.*
  He has always eaten lots of fruit and vegetables with the result that he is now very healthy.

Complete these sentences:
(1) Damit man fit bleibt,...
(2) Er isst immer gesund,...
(3) Wir essen keinen Döner,...
(4) Kuchen soll man nur selten essen,...
(5) Man soll keine Cola und Limo trinken,...

Vokabular

Bitte schön.	Yes, please./What can I do for you?
Ich möchte/ich hätte gern…	I would like…
…ein Stück Käse/zwei Stücke Kuchen.	…a piece of cheese/two pieces of cake.
…einen Becher Joghurt/zwei Becher Margarine.	…a tub of yoghurt/two tubs of margarine.
…eine Scheibe Brot/zwei Scheiben Schinken.	…a slice of bread/two slices of ham.
…eine Tüte Kekse/zwei Tüten Bonbons.	…a bag of biscuits/two bags of sweets.
…ein Paket Spaghetti/zwei Pakete Reis.	…a packet of spaghetti/ two packets of rice.
…eine Dose Suppe/zwei Dosen Erbsen.	…a tin of soup/two tins of peas.
…eine Tube Senf.	…a tube of mustard.
…drei Tuben Zahnpasta.	…three tubes of toothpaste.
…vier Birnen/drei Äpfel.	…four pears/three apples.
…einen großen Blumenkohl.	…a large cauliflower.
…eine kleine Tüte.	…a small bag.
…ein langes Brot.	…a long (loaf of) bread.
Sonst noch etwas?	Anything else?
Das ist alles/das wär's.	That is all.
Was kostet/macht das?	What does that cost/come to?
auf dem Markt	at the market
in der Bäckerei	at the baker's
im Supermarkt	in the supermarket

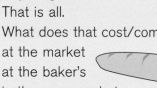

Ich esse/trinke gern Kartoffeln/Bier.	I like to eat/drink potatoes/beer.
Ich esse/trinke lieber Reis/Rotwein.	I prefer to eat/drink rice/red wine.
Ich esse/trinke am liebsten Spaghetti/Apfelsaft.	My favourite is spaghetti/apple juice.

Da ist der Kellner.	There is the waiter.
Haben Sie einen Tisch für zwei?	Have you got a table for two?
In der Ecke/am Fenster?	In the corner/at the window?
Die Speisekarte, bitte.	The menu, please.
Wir möchten bestellen.	We would like to order.
Ich nehme eine Vorspeise.	I'll have a starter.
Champignonsuppe mit Brot, bitte.	Mushroom soup with bread, please.
Als Hauptgericht esse ich…	As a main course I'll have…
…Bratfisch mit Pommes frites/ Gulasch mit Bratkartoffeln.	…fried fish with chips/ meat stew with fried potatoes.
Ich möchte einen Nachtisch.	I would like a dessert.
Gemischtes Eis, bitte.	Mixed ice cream, please.

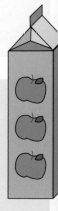

An der Spitze

Schmeckt es Ihnen?	Is the food ok/does it taste ok?
Das schmeckt mir (nicht) gut.	It tastes (does not taste) good.
Das Fleisch/das Essen ist…	The meat/the food is…
…zu warm/zu kalt/zu salzig.	…too warm/too cold/too salty.
Ich möchte vegetarisch essen.	I would like to eat vegetarian.
Ich bin Vegetarier.	I am a vegetarian.
Guten Appetit!	Enjoy your meal!
Wir möchten (be)zahlen.	We would like to pay.
Die Rechnung, bitte.	The bill, please.
Ich habe eine Einladung.	I have an invitation.

täglich fünf Portionen Obst und Gemüse	five portions of fruit and vegetables a day
Süßigkeiten enthalten viel Zucker.	Sweets contain a lot of sugar.
ein Snack für Zwischendurch	a snack (for in between)
Damit man gesund bleibt,…	In order to stay healthy,…
…soll man wenig Fett essen.	…you should eat little fat.
…soll man keine Cola trinken.	…you shouldn't drink Cola.

Hier sind die Zutaten für das Rezept.	Here are the ingredients for the recipe.
Gemüse in…	Cut vegetables into…
…Würfel/Scheiben/Streifen	…cubes/slices/strips.
…schneiden.	
Fleisch anbraten.	Fry meat a little.
Reis dazu geben.	Add rice.
Das ist mein Lieblingsgericht.	That's my favourite dish.

1 Your German exchange partner is staying with you and you are discussing your plans for the next day. Using the publicity material below, make suggestions about what you and your German partner could do. You should explain which places you have already visited and give your opinions on them. You will also need to ask your German friend what he/she is interested in.

Your teacher will play the part of your exchange partner and will start the conversation.

New Town *The South West's undiscovered gem*

Abbot Shopping Village
For all your shopping needs!

Monday–Saturday: 9.00–18.00

Sunday: 10.00–16.00

The New Tea Rooms

- Local produce
- Authentic cream teas

Open daily from noon till 7.00 p.m.

Tel: 251436 to reserve a table

New Nature Park

- Fun for all the family!
- Cycle paths
- Marked paths for ramblers
- Animal park
- Open all year round

Museum of Rural Life

Thursday–Sunday: 10.00–17.00

Entrance: £5

2 You have been shopping in a department store in Germany. As you leave the store, you are asked to complete this questionnaire in German about your experiences.

Kaufhaus Blume

Bitte beantworten Sie unsere Fragen, damit wir unseren Service verbessern können.

- Warum wollten Sie bei uns einkaufen?
- Wie war unser Kaufhaus?
- Wie waren unsere Verkäufer?
- Was haben Sie bei uns gekauft?
- Haben Sie alles gefunden, was Sie gesucht haben?
- Wie können wir unseren Service verbessern?

3 🎧 Vegetarians

Listen to this radio interview about vegetarians.
Choose the correct letter to complete each statement.

(1) Compared with people who eat meat, vegetarians...
 a ...are much healthier.
 b ...are not really any healthier.
 c ...live longer.

(2) According to Christina, mealtimes for vegans are...
 a ...absolutely fine.
 b ...quite boring.
 c ...slightly unhealthy.

(3) Christina thinks vegetarians have...
 a ...fewer heart problems than meat eaters.
 b ...more heart problems than meat eaters.
 c ...about the same number of heart problems as meat eaters.

(4) In Christina's opinion, one of the most important causes of health problems is...
 a ...being overweight.
 b ...eating too much meat.
 c ...being underweight.

4 📖 Read this article about fruit and vegetables.

Bio? Logisch!

Du möchtest dich gesund ernähren? Dann sollst du viel Obst und Gemüse essen: am besten fünf Portionen am Tag. So wirst du viel seltener krank.

Obst ist aber nicht gleich Obst. Es macht einen riesigen Unterschied, ob du einen hübsch in Folie verpackten Apfel im Supermarkt holst, oder ob du zum Bio-Apfel greifst.

Biologisch angebautes Obst und Gemüse enthält weniger Schadstoffe. Bauern benutzen oft chemische Stoffe, um Insekten usw. abzuhalten und Obst und Gemüse schneller wachsen zu lassen. Diese Chemikalien bleiben aber in Obst und Gemüse zurück — und wir essen diese Stoffe dann!

Für Bio-Obst und -Gemüse werden keine Chemikalien verwendet. Das schmeckt man — und es ist nicht nur für den Menschen besser, sondern auch für die Umwelt.

Damit man sicher ist, dass die Qualität stimmt, druckt man das Bio-Siegel auf gesunde Produkte. Es steht für natürliche Produkte, die nicht mit Chemikalien usw. behandelt wurden. Und diese Produkte sind heute auch in vielen Supermärkten erhältlich.

Leider sind Bio-Produkte meist teurer, weil die Kosten für den Bauer höher sind.

healthy   work   customers   expensive
organic   ill   taste   farmers   supermarket   environment

Note the correct word from the box above to complete each sentence:

Example   If you eat five portions of fruit and vegetables a day you will be ill *less* often.

(1) _____ fruit and vegetables contain fewer harmful substances.
(2) _____ want the fruit and vegetables to grow more quickly.
(3) Fruit and vegetables without chemicals are better for us and the _____ .
(4) Growing fruit and vegetables without chemicals is more _____ for farmers.

Thema 13 Medien

1 Gehen wir lieber ins Kino?

☑ Talk about television programmes

☑ Make arrangements to go out

☑ Talk about films

1 📖 Lies bitte die Programmvorschau.

TV HEUTE — *Schneller finden, was Sie wirklich interessiert*

Programmvorschau für heute Abend

	ARD①	ZDF	RTL
20.00	**Sportschau live** Weltreiterspiele: Dressur Mannschaft Finale	**Safari in Kenia** Doku	**Unter uns** Serie
20.30	**Das Quiz mit Jörg Pilawa** Quizsendung	**SOKO Classics** Krimiserie — Niemand ist eiskalt	**Gute Zeiten, schlechte Zeiten** Seifenoper
21.00	**Tagesschau** Nachrichten **ARD-Wetterschau** Wetterbericht	**heute** Nachrichten	**Guten Abend RTL** Nachrichtenmagazin — Moderation: Janine Steeger
21.30	**Harald Schmidt** Talkshow Gast: Axel Stein	**Die Pferdeinsel** Fr. Abenteuerfilm (synchronisiert)	**Musikanten Dampfer** Volksmusik

Was passt zusammen?

Beispiel **a** = *Harald Schmidt: Talkshow, 21.30 ARD*

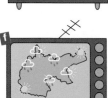

2 🎧 Hör bitte zu. Was sehen diese Leute (Angelika, Kevin, Magdalena, Evangelos) im Fernsehen? Schau die Vorschau an und füll die Tabelle aus.

	Interessiert sich für	Sendung	Uhrzeit	Sender
Angelika				

3 💬 Macht Dialoge.

Beispiel A Ich möchte eine Talkshow sehen.
 B *Wie wäre es mit „Harald Schmidt"?*
 A Wann kommt das?
 B *Um 21.00 Uhr im ARD.*

4a 📖 **Lies die folgenden Informationen.**

Kino am Altmarkt

Garfield 2 (OV)

FSK AB 0

80 Min.
Mittwoch 17.30
20.15

Monster House (OV)

FSK AB 6

90 Min.
Mittwoch 20.00
22.15

Alle Karten nur €7

vom 01.09 bis 02.09

ROCKFESTIVAL

auf der Freilichtbühne
in LANDSBERG

01.09
Ute Freudenberg
Lift, Stefan Diestelmann
Die Klosterbrüder
Pankow, Monokel

02.09
K....!
Stern Combo Meissen
Jürgen Kerth (Projekt Ostblues-Band)
Renft, Cäsar,
Dirk Michaelis

Einlass 18.30 Uhr
Beginn 20.00 Uhr
Alle Karten €35

Theater
am Stadtgarten

Freitag: 20.15
Rote Nase
Eine Tragödie von Franziska Lehmann

Samstag: 20.00
Der Besuch der alten Dame
Eine tragische Komödie von Friedrich Dürrenmatt

Sonntag: 20.30
Ein Sommernachtstraum
Eine Komödie von William Shakespeare

Karten:	€25, €35, €45
Studenten und Schüler alle Plätze €15	

b 🎧 💬 **Partnerarbeit. Hört bitte zu und dann macht Dialoge.**

A Wollen wir heute Abend ins Kino?
B *Was läuft?*
A Garfield.
B *Was ist das für ein Film?*
A Das ist ein Trickfilm.
B *Wann beginnt der Film?*
A Um 20.15.
B *Was kostet der Eintritt?*
A €7.
B *Gibt es Ermäßigungen für Schüler?*
A Nein, alle Karten kosten €7.
B *Ja, gut. Wann und wo treffen wir uns?*
A Um Viertel vor acht, vor dem Kino.
B *Bis später, dann.*

5 📖 **Lies bitte diese Beschreibung des Filmes „Herr der Diebe".**

Now answer these questions in *English*.

(1) Where does the story take place?
(2) What do we know about the main character?
Give *two* details.
(3) Why do two children join the group?
(4) What does the group find? Give *two* details.
(5) What do we learn about the detective?
(6) Who would enjoy this film?

6 📷 **Schreib ein paar Sätze über einen Film, den du neulich gesehen hast. Deine Meinung nicht vergessen.**

HERR DER DIEBE

In Venedig gibt es eine Kinderbande, die die reichen Menschen bestiehlt. Sie verteilt das Geld unter den armen Kindern der Stadt. Anführer ist ein 15-jähriger, aber niemand weiß, wer er ist. Es ist der „Herr der Diebe". Eines Tages kommen zwei Kinder zu der Bande, weil sie vor gemeinen Stiefeltern fliehen. Die Bande findet dann ein Karussell mit Zauberkräften. Danach suchen sowohl der böse Barbarossa als auch ein Detektiv die Kinder. Der Film ist wirklich sehenswert, für Klein und Groß geeignet.

2 Was liest du so?

☑ Talk about what you like to read
☑ Revise the imperfect tense
☑ Learn how to form the pluperfect tense

1 📖 **Bitte ordne in die richtigen Kolonnen ein.**

Zeitung	Zeitschrift	Buch

BRAVO

Kölner Stadt-Anzeiger

DIE ZEIT

Die Nacht von Lissabon

Der Pfad im Schnee

Lisa

DER ZAUBERBERG

Brigitte

stern

Süddeutsche Zeitung

FUSSBALL TECHNIK & TAKTIK

BUNTE

Tintenherz

DER SPIEGEL

Bild am Sonntag

Harry Potter und der Halbblutprinz

2a 📖 **Bitte lies diesen Text.**

Ein Krokodil im Rhein

Es gibt sogar im Rhein Krokodile. In der Nähe von Speyer hat ein Radfahrer ein Krokodil gesehen, als er in die Büsche ging, weil es keine Toilette gab. Das Tier bewegte sich nicht, aber als der Radfahrer Erde nach ihm warf, riss es das Maul auf und erschreckte ihn.

Eine Zoologin glaubt, dass es im Rhein genug Nahrung (zum Beispiel Fische) für das Krokodil gibt und dass das Tier nicht gefährlich ist, weil es vor Menschen fliehen wird. Wahrscheinlich hat ein privater Halter das Tier zum Rhein gebracht, weil es zu groß war.

Bitte beantworte die Fragen.

(1) Wer hat das Krokodil gesehen?
(2) Was, glaubst du, hat der Mann in den Büschen gemacht?
(3) Warum hat das Krokodil das Maul aufgerissen?
(4) Wieso kann das Krokodil im Rhein leben?
(5) Woher kommt das Krokodil?
(6) Wo kann man diesen Text vielleicht lesen?

b 📖 🏠 **Warst du schon einmal bei einer live Show wie „Tokio Hotel" oder in einem Musical, bei einem Fußballspiel, im Theater oder im Kino? Schreib einen kleinen Text darüber.**

Tokio Hotel

Ich war beim Konzert von Tokio Hotel in Köln. Es war einfach der Hammer! Ich kann es noch gar nicht glauben, dass ich sie live gesehen habe. Nur schade, dass es so schnell vorbei war! Die Karten waren natürlich ziemlich teuer und ich habe lange dafür gespart, aber es war der schönste Tag meines Lebens. Danke an Tokio Hotel für diesen supertollen geilen Auftritt.

3 🎧 **Was lesen die Jugendlichen? Bitte hör gut zu.**

	Was liest er/sie?	Weitere Informationen
Timo		

⭐ **Top-Tipp**

Was kann man lesen?

Horoskop • Krimis • Lokalzeitung
historische Romane • Autobiografien • Fachzeitschriften
Sciencefictionromane • Modezeitschriften • Problemseiten
wahre Geschichten • Horrorgeschichten • Liebesromane
Fernsehprogramm • Zeitschriften • Comichefte • Sportseite
Tageszeitung • Biografien • Reisebücher • Sachbücher • Internet

*Ich **lese oft** Horrorgeschichten.*
*Modezeitschriften **mag ich nicht**.*
*Ich **mag** Liebesromane.*
*Ich **lese auch gern** Comichefte.*
*Sachbücher **lese ich nie**.*
*Historische Romane **mag ich auch nicht**.*
*Ich **lese lieber** die Sportseite.*

Unter der Lupe

When you describe an event in the past, you normally use the perfect tense (see page 38, and grammar section page 149), but it is also possible to use the imperfect tense. You have already seen the imperfect tense in forms such as *ich* **hatte** or *ich* **war**.

The imperfect tense is often used in written texts, as is the perfect tense. It is purely usage that defines these two tenses: there are no rules to tell you when you should use one or the other. In speaking, it is preferable to use the perfect tense.

The following table lists:
- the regular forms of a verb in the imperfect (*wollen*). You add the endings to the stem of the verb. The first and the third person singular are identical
- the forms of an irregular (strong) verb (*geben*). In these verbs the first and third person singular are also identical

Das Imperfekt (*the imperfect tense*)

wollen (to want)				geben (to give)			
ich	*wollte*	*wir*	*wollten*	*ich*	*gab*	*wir*	*gaben*
du	*wolltest*	*ihr*	*wolltet*	*du*	*gabst*	*ihr*	*gabt*
er/sie/es	*wollte*	*sie*	*wollten*	*er/sie/es*	*gab*	*sie*	*gaben*
Sie	*wollten*	*Sie*	*wollten*	*Sie*	*gaben*	*Sie*	*gaben*

A list of irregular verbs is given in the grammar section (pages 156–157).

(1) Look again at the 'Krokodil' text in Übung 2. Find all the verbs that are in the perfect/imperfect and future tenses.

(2) Read the following story and fill in the missing verbs from the list below:

war   besuchte   hatte   wohnte
konnte   wollte   fragte

Rotkäppchen

Es ____ einmal ein kleines Mädchen, das Rotkäppchen hieß. Rotkäppchen ____ eine Großmutter, die im Wald ____ . Rotkäppchen liebte die Großmutter und ____ sie oft. Nun war die Großmutter krank und Rotkäppchen ____ ihr Kuchen und Wein bringen. Sie ging durch den Wald, als sie den Wolf traf. Er ____ sie: „Wohin gehst du? Nimm der Großmutter doch diese schönen Blumen mit." Als Rotkäppchen später zum Haus der Großmutter kam, hatte der Wolf die Großmutter schon gefressen und fraß auch noch das Rotkäppchen. Der Jäger hörte den Wolf im Haus der Großmutter und ____ beide retten.

Unter der Lupe

Das Plusquamperfekt (*the pluperfect tense*)

The pluperfect tense is used to describe an event that happened before the time of the imperfect tense.

Look again at the 'Rotkäppchen' story. When the girl arrived (imperfect tense), the wolf had already eaten (pluperfect tense) the grandmother:

Als Rotkäppchen später zum Haus der Großmutter kam, hatte der Wolf die Großmutter schon gefressen.

The pluperfect is formed from elements that you already know: the imperfect tense of *haben* or of *sein* (for verbs of movement, e.g. *kommen*) plus the past participle (see page 151).

essen (to eat)				kommen (to come)			
ich	*hatte gegessen*	*wir*	*hatten gegessen*	*ich*	*war gekommen*	*wir*	*waren gekommen*
du	*hattest gegessen*	*ihr*	*hattet gegessen*	*du*	*warst gekommen*	*ihr*	*wart gekommen*
er/sie/es	*hatte gegessen*	*sie*	*hatten gegessen*	*er/sie/es*	*war gekommen*	*sie*	*waren gekommen*
Sie	*hatten gegessen*	*Sie*	*hatten gegessen*	*Sie*	*waren gekommen*	*Sie*	*waren gekommen*

4 Was liest du? Bitte diskutiert in der Gruppe.

A Was liest du?
B Ich lese oft ____ , aber ____ mag ich nicht.
C Warum nicht?
B Weil das langweilig/zu stressig/____ ist. Und du, was liest du gern?
A Ich mag ____ , ____ lese ich auch gern, aber ____ lese ich nie.
C Nein, das mag ich auch nicht. Ich lese lieber ____ .

3 Ich brauche meinen Computer und mein Handy...

☑ **Talk about the internet, e-mails and mobile phones**

☑ **Revise the future tense**

Webtipps des Monats

ⓐ *Sprachen lernen? Kein Problem!*

Unter www.lingoland.net kannst du eine neue Sprache lernen, an einem Sprachen-Quiz teilnehmen, eine eigene Homepage bauen und im Europa-Atlas Informationen zu vielen Ländern erfahren.

ⓑ *Du bist krank? Was ist mit dir los?*

Fragen zu bestimmten Krankheiten? Kein Problem. Die Bibliothek von www.medizity.de gibt dir Anwort! MediZity ist die Medizinstadt für junge Menschen im Internet. Teste auch dein Wissen im Online-Fitnessstudio.

ⓒ *Wie funkioniert die Werbung?*

www.mediasmart.de erklärt, warum es Werbung überhaupt gibt, wer sie macht, wie sie funktioniert. Hier lernst du eine Menge. Zeige dann in einem Test, was du gelernt hast und vielleicht bekommst du sogar ein Werbediplom.

1 📖 🏛 Lies bitte diese Webtipps.

a Welches Wort passt zu welcher Website?

Beispiel	Fitness	b
(1)	Reklame	
(2)	Gesundheit	
(3)	Jugendliche	
(4)	Frage-und-Antwort-Spiel	
(5)	Fernsehen, Zeitungen	

b Welche Website wäre geeignet?

Beispiel	Du interessierst dich für eine Karriere als Werbefachmann.	c
(1)	Du möchtest nach Spanien fahren und dich mit den Spaniern unterhalten.	
(2)	Du musst viel husten und alle Speisen erbrechen.	
(3)	Du möchtest wissen, warum es so viele Slogans im Radio und Plakate im Bus gibt.	
(4)	Du lernst leidenschaftlich gern Erdkunde.	
(5)	Du möchtest deinen Horizont erweitern.	

c Hast du einen Webtipp? Schreib bitte eine Kritik über deine Lieblingswebsite.

2 📖 ✏ Lies bitte diese beiden E-Mails.

DIE INTERNAUTEN-ZEITUNG
Die Online-Zeitung für Jugendliche

Von: julia0692@gmx.de
An: redaktion@internauten.de
Betr: E-Mail-Freundschaft

Hey! Ich heiße Julia, bin 16 und komme aus Deutschland. Ich spreche Deutsch (sehr gut), Englisch (miserabel) und Französisch (geht). Ich suche E-Mailfreunde, denen ich auf Englisch schreiben kann, was dich nicht hindert, mir auf Deutsch zu schreiben. Ich löse gern Rätsel, tanze und bin täglich im Internet: Ich chatte gern, lese Online-Zeitungen, schreibe eine Menge E-Mails! Ich schicke auch SMS, wenn ich unterwegs bin. Wenn du Lust hast, schreib mir eine Mail.

DIE INTERNAUTEN-ZEITUNG
Die Online-Zeitung für Jugendliche

Von: oliver_schmidt@yahoo.de
An: redaktion@internauten.de
Betr: E-Mail-Freundschaft

Ich bin Oliver, komme aus Österreich und möchte mit dir Kontakt aufnehmen – am besten auf Deutsch, im Englischen bin ich nicht so gut! Werde im Oktober 16. Chatten im Internet mag ich nicht besonders aber Recherchen mache ich sehr gern: Meine Lieblingswebsite ist Die Wikipedia. Das ist eine Enzyklopädie. Ich schreibe auch E-Mails. Wenn ich nicht zu Hause bin, simse ich. Außerdem spiele ich Querflöte und singe seit 10 Jahren im Chor. Ich warte auf deine E-Mail.

a Füll diese Tabelle aus.

b Schreib jetzt so eine E-Mail über dich.

Name:	Julia	Oliver
Alter:		
Wohnort:		
Fremdsprachen:		
Hobbys:		
Internet:		
Handy:		

3 🎧 Hör bitte diesem Interview zu. Was sagt Herr Imgrund über Handys?

(1) Gib einen Vorteil und zwei Nachteile von Handys.
(2) Wann schicken Jugendliche SMS?
(3) Bei Jugendlichen, wer finanziert das Handy?
(4) Wieso haben die Jugendlichen Geldschulden?
(5) Wann sollte man das Handy benutzen?
(6) Warum ist Herr Imgrund kein Handyfan?
(7) Wie war die Situation vor 20 Jahren anders?
(8) Ist er optimistisch für die Zukunft? Begründe deine Antwort!

4 💬 ✏ Mach jetzt eine Umfrage zum Handy in der Klasse. Du sollst...

- *die Fragen schreiben*
- *die Umfrage durchführen*
- *die Ergebnisse aufschreiben*

🔍 Unter der Lupe

Das Futur (*the future tense*)

In the interview in Übung 3, Herr Imgrund uses the future tense to talk about what will happen:

Int: *Wie **wird** es wohl in Zukunft **aussehen**?*
HI: *Wir **werden** nicht mehr persönlich mit anderen Menschen **reden**. Wir **werden** isoliert **sein**. Das Handy **wird** uns einsam **machen**.*

Put the following sentences into the future tense (see page 53 for full details).
(1) Es gibt keine Bücher mehr.
(2) Das Internet ist sehr wichtig.
(3) Wir schreiben keine Briefe mehr.
(4) Er liest nur noch Online-Zeitungen.
(5) Jeder Mensch hat ein Handy.
(6) Ich schicke viele E-Mails.
(7) Sie bekommen mindestens zehn SMS pro Tag.
(8) Chattest du jeden Tag?

4 ...und wer ist ein Superstar?
Berühmte Leute in der Musik

> ☑ **Learn about famous musicians**

1a 📖 Bitte lies diese Texte.

Ludwig van Beethoven

wurde 1770 in Bonn geboren. 1792 zog er nach Wien. Er schrieb neun Sinfonien, die neunte ist weltbekannt. Er komponierte auch Klavierkonzerte und viele Sonaten für Streichinstrumente (Violine, Cello usw.). Leider war er am Ende seines Lebens fast taub und konnte seine Musik nicht mehr hören. Er starb 1827 in Wien.

Die Toten Hosen

sind eine Punk Rockband. Campino (Andreas Frege) schreibt die Liedtexte und seit 1999 spielt Vom (Stephen George Ritchie) Schlagzeug. Die anderen Mitglieder spielen Gitarre. Die Toten Hosen gehören zu den bekanntesten deutschen Rockbands. Bis heute verkauften sie mehr als 10 Millionen Platten. Sie sind auch in Osteuropa, Südamerika, Asien, Australien und den USA aufgetreten. Sie arbeiten auch mit Tierschutzorganisationen und Greenpeace zusammen. 2004 bekamen sie ihre eigene Show auf MTV und 2005 traten sie auf dem Live 8-Festival auf. Das Platinalbum „Zurück zum Glück" war sofort auf Platz eins der Charts.

Die Scorpions

sind eine Hard-Rockband aus Hannover. Sie schrieben das offizielle Lied der EXPO 2000 „Moment of Glory" und spielten mit den Berliner Philharmonikern (das berühmteste klassische Orchester in Deutschland) in einer Klassik-Meets-Rock CD. Die Scorpions spielten auch mit Nationalorchestern anderer Länder. Ein bekanntes Album ist „Unbreakable".

Wolfgang Amadeus Mozart

lebte nur von 1756 bis 1791. Er war ein Wunderkind. Sein Vater unterrichtete ihn als Kind und er gab mit seiner Schwester Konzerte in München, Wien, Paris und London, als er sehr klein war. „Eine kleine Nachtmusik" und die Oper „Die Zauberflöte" sind wunderschön und in der ganzen Welt bekannt. Die Reisen in den Kutschen über schlechte Straßen und das kalte Wetter waren sicher nicht gut für Mozarts Gesundheit. Vielleicht ist er deshalb früh gestorben? Man kann sein Geburtshaus in Salzburg besuchen, wenn man in Österreich ist.

Tokio Hotel

sind eineiige Zwillinge, zwei Jungen, die 1989 geboren sind. Seit sie Kinder sind, machen sie Musik. Im „Kinder-Star-Search" wurde die Popband aus Magdeburg entdeckt.

Ihre Single, „Durch den Monsun", landete auf Platz eins der Charts in Deutschland. Viele Kritiker sagen, dass sie sehr jung sind, aber sie haben schon viele junge meistens weibliche Fans.

Johann Sebastian Bach

lebte von 1685 bis 1750. Er kam aus einer Musikerfamilie. Seit 1723 wohnte er in Leipzig und war am Ende seines Lebens blind.

Bach hatte insgesamt 20 Kinder, und hatte oft nicht viel Geld. Er schrieb viel Kirchenmusik (Kantaten und Orgelmusik), um Geld zu verdienen. Auch die Brandenburgischen Konzerte sind sehr bekannt. Er war 1749 blind, weil er sehr oft nur Kerzenlicht hatte, um seine Musik zu schreiben.

War er der Superstar von 1740?

b Bitte beantworte die folgenden Fragen.

(1) Welche Rockbands hatten Hits auf Platz eins der Charts und wie heißen die Singles?
(2) Welcher Musiker und welche Gruppe machten schon als Kinder Musik?
(3) Welche Rockgruppe und welcher Musiker sind viel gereist?
(4) Nenne ein Instrument einer Rockgruppe und ein typisches Instrument der klassischen Musik.
(5) Warum musste Bach so viel Musik schreiben?
(6) Welche Sinfonie von Beethoven kennen viele Menschen?
(7) Wo ist Mozart geboren?
(8) Welche zwei Musiker haben in Österreich gearbeitet?
(9) Wer ist der älteste und wer ist der jüngste Musiker?
(10) Mozart, Bach, Beethoven, die Toten Hosen, die Scorpions, Tokio Hotel...von wem bist du ein Fan?
(11) Bitte suche mindestens fünf Imperfektformen in den Texten und schreib sie auf.

2 🎧 Bitte hör der Radiodiskussion zu. Was ist richtig und was ist falsch? Bitte korrigiere die falschen Aussagen.

(1) Marius hat CDs von Bach.
(2) Lisas Eltern hören gern Opern.
(3) Lisa findet Opern cool.
(4) Lisa findet die Liedtexte von Tokio Hotel langweilig.
(5) Die Berliner Philharmoniker sind ein Orchester.
(6) Karten für klassische Konzerte sind billig.
(7) Marius findet es gut, dass man Klassik und Rock kombiniert.

3 💬 Wer ist dein Superstar?

Beispiel
A Was für Musik hörst du?
B *Ich höre gern ____ Und du?*
A Ich höre oft ____
B *Warum gefällt dir diese Musik?*
A Die Musik hat viel Rhythmus. Und warum hörst du ____?
B *Die Liedtexte sind cool.*
A Was magst du nicht und warum?
B *____ mag ich nicht. Die Instrumente gefallen mir nicht.*
A Hast du ____ schon live gesehen?
B *Nein, aber ich habe seine/ihre neue Single.*

4 👥 💬 Schreib etwas über eine Gruppe, einen Popstar, den du besonders magst und warum.

Vielleicht kannst du später in der Klasse kurz darüber sprechen.

⭐ **Top-Tipp**

Die Liedtexte sind langweilig/cool.
Das ist super Musik.
Dieser Künstler ist talentiert.
Das ist ein Publikumsliebling.
Der Auftritt war einfach toll.
Klassische Musik ist nichts für mich.
Die Musik hat viel/keinen Rhythmus.
Ich habe seine/ihre neue Single.
Sie haben ihre eigene Fernsehshow.
Ich habe ihn/sie live gesehen.
Die Instrumente gefallen mir (nicht).

Vokabular

Was kommt im Fernsehen?	What's on television?
Hier ist die Programmvorschau.	Here is the preview.
Um 19.30 kommt…	At 7.30 p.m. there is…
…ein Abenteuerfilm/ein Krimi/	…an adventure film/a thriller/
eine Quizsendung/eine Serie/	a quiz programme/a series/
eine Seifenoper/eine Nachrichtensendung/	a soap opera/a news programme/
der Wetterbericht.	the weather forecast.
Der Krimi kommt im ARD.	The thriller is on ARD.
Meine Lieblingssendung ist	My favourite programme
„Die Sportschau".	is the 'Sports Show'.

Was läuft im Kino?	What's on at the cinema?
Was ist das für ein Film?	What kind of film is that?
Das ist ein Trickfilm/Gruselfilm.	That is a cartoon film/a horror film.
Was kostet der Eintritt?	How much is it to get in?
Gibt es Ermäßigung für Schüler?	Is there a reduction for students?
Wir treffen uns…	We'll meet…
…um 7 Uhr/heute Abend/	…at 7 o'clock/this evening/
vor dem Kino/am Bahnhof.	in front of the cinema/at the station.

Ich lese oft Sachbücher/	I often read nonfiction books/
Modezeitschriften.	fashion magazines.
Die Tageszeitung lese ich nie.	I never read the daily paper.
Romane mag ich nicht,	I don't like novels
weil sie oft langweilig/zu lang sind.	because they are often boring/too long.
Ich lese lieber Fachzeitschriften.	I prefer to read specialist journals.
Die Problemseite lese ich auch gern.	I also like to read the problem page.
Ich mag Sciencefictionromane,	I like science-fiction novels
weil sie interessant/aufregend sind.	because they are interesting/exciting.

Das war…	That was…
…ein guter Film/ein supertoller Auftritt/	a good film/a great performance/
eine schöne Geschichte/	a nice story/
ein interessantes Musical/	an interesting musical/
ein spannendes Fußballspiel.	a gripping football match.

Im Internet kann man...

    ...an einem Quiz teilnehmen.

    ...eine Homepage bauen.

    ...Information erfahren.

    ...eine Umfrage durchführen.

Das Internet erklärt...

    ...Krankheiten.

    ...warum es Werbung gibt.

Interessierst du dich für...

    ...deine eigene Homepage/

    dein Handy/E-mails?

Jugendliche...

    ...schicken regelmäßig SMS/

    benutzen oft ihr Handy/

    simsen leidenschaftlich gern.

Wie wird es in Zukunft aussehen?

On the internet you can...

    ...take part in a quiz.

    ...build a homepage.

    ...find out information.

    ...carry out a survey.

The internet explains...

    ...illnesses.

    ...why there is advertising.

Are you interested in...

    ...your own homepage/

    your mobile/e-mails?

Young people...

    ...regularly send text messages/

    use their mobile often/

    love sending texts.

What will things look like in the future?

Die Toten Hosen sind die bekannteste
deutsche Rockgruppe.

Es gibt verschiedene Mitglieder.

Die Musik hat viel Rhythmus.

Sie treten live auf.

Sie haben ihre eigene Show im Fernsehen.

Er/sie ist talentiert.

Ich mag Schlagzeug.

Streichinstrumente finde ich langweilig.

Die Liedtexte gefallen mir (nicht).

Klassische Musik ist nichts für mich.

'Die Toten Hosen' are the best-known
German rock band.

There are various members.

The music has a lot of rhythm.

They perform live.

They have their own show on television.

He/she is talented.

I like percussion.

I find string instruments boring.

I (don't) like the lyrics.

Classical music is not for me.

1 Und wie ist das Wetter?

Talk about the weather

Understand weather reports

1 🎧 **Wettervorhersage. Hör bitte zu. Wie ist das Wetter? Setze die Bilder a–k in die richtige Reihenfolge.**

a

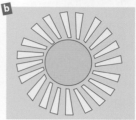
b

c

d

e

f

g

h

i

j

k

2 Wie ist das Wetter heute?

a 💬 **Partnerarbeit. Bitte macht Sätze über die Vorhersage für heute.**

Beispiel   A   Wie ist das Wetter heute in Berlin?

B   *Es gibt _____ .*

b 🏔 **Wie ist das Wetter heute? Schreib jetzt ein paar Sätze auf!**

Beispiel   *In Berlin gibt es heute _____*

⭐**Top-Tipp**

Heute ist es...   *...sonnig*   *...windig*   *...wolkig*

Es regnet.   *Es schneit.*   *Es gibt ein Gewitter.*

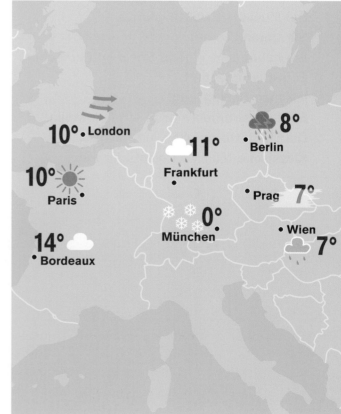

An der Spitze

3 📖 Lies bitte diese Wettervorhersage und trage den richtigen Buchstaben aus Übung 1 auf die Karte ein.

An der Küste wird es sehr wolkig und es gibt teilweise Regenschauer. Im Osten scheint die Sonne, aber es bleibt weiterhin kalt. Temperaturen um 10 Grad. Im Westen weht ein frischer Wind aus Frankreich, aber der Tag bleibt schön. Im Süden schneit es im Hochland und im Flachland wird es sehr nass. In der Mitte bleibt es trocken aber bewölkt.

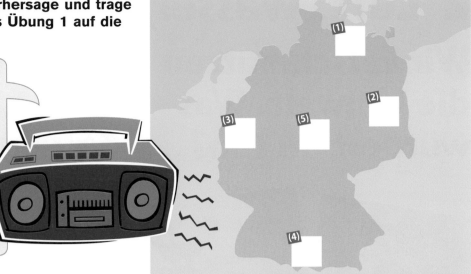

4 Und gestern? Wie war das Wetter gestern?

a 🗣 Partnerarbeit. Bitte macht Sätze.

Dresden **6°**

Lübeck **11°**

Magdeburg **6°**

Rostock **8°**

Sylt **7°**

Stuttgart **15°**

Beispiel A Wie war das Wetter gestern in Dresden?
B *Gestern war es kalt und es hat...*

b ✍ Schreib jetzt ein paar Sätze über das Wetter von gestern.

⭐ Top-Tipp

Gestern war es... ...neblig

...bedeckt ...schön

Es hat geregnet. Es hat geschneit.

Es hat ein Gewitter gegeben.

5 🎧 Hör bitte zu. Wie ist das Wetter oder wie war das Wetter? Füll die Tabelle aus.

	Heute?	Gestern?	Wo?	Wetter?
(1)	X		In den Bergen	Es regnet und...
(2)				

6 🗣 ✍ Und morgen? Wie wird das Wetter sein...?

2 Luft, Wasser, Müll

Wir verschmutzen die Umwelt. Was würdest du tun?

☑ Discuss major environmental problems

☑ Use the conditional

Unter der Lupe

Der Konjunktiv (*the conditional*)

The easiest way to express what you *would* do is to combine the appropriate form of *würde* with an infinitive:

ich	würde	wir	würden
du	würdest	ihr	würdet
er/sie/es	würde	sie	würden
Sie	würden	Sie	würden

As with all other phrases that contain two verbs, the infinitive goes to the end of the sentence:

> Ich **würde** mehr Rad **fahren**.
> I would cycle more.

There are special conditional forms, too, which you do not need to learn for most verbs. However, there are a few verbs for which the special conditional form is always used instead of *würde* + infinitive. The endings are the same as for *würde*.

> Ich **wäre** vorsichtig.
> I **would be** careful.

> Ich **hätte** kein Auto.
> I **would** not **have** a car.

> Ich **könnte** mit dem Bus fahren.
> I **would be able** to go by bus.

> Ich **möchte** Windenergie benutzen.
> I **would like** to use wind energy.

1 📖 **Bitte lies die Sprechblasen und wähle drei Probleme, an denen du etwas ändern kannst und schreib sie auf. Später kannst du sagen, was du ändern würdest.**

> Giftige Abfälle wie Tabletten und Chemikalien gefährden das Grundwasser.

> Viele Flüsse sind durch die Industrie verschmutzt.

> Wir verbrauchen zu viel Energie z. B. Öl und Gas.

> Wir produzieren zu viel Müll.

> Wir fahren zu viel mit dem Auto.

> Die Industrieabgase sind gefährlich.

> Der saure Regen tötet die Bäume.

> Öltanker sind gefährlich für Strände und die Tiere im Meer.

> Ich bin gegen Atomenergie. Wasserkraft und Wind- und Solarenergie sind viel besser.

Put the following sentences into the conditional.

(1) Ich fahre nicht so oft mit dem Auto.
(2) Ich benutze weniger Strom.
(3) Ich mache das Licht aus.
(4) Ich dusche, aber ich bade nicht.
(5) Ich kaufe ein Rad.
(6) Ich demonstriere.
(7) Ich habe kein Auto.
(8) Ich bin ärgerlich.
(9) Ich kann mehr helfen.

What would you do to make positive changes to the three problems you chose in Übung 1? Make one suggestion for each problem.

2 🎧 💬 **In den Nachrichten heute. Bitte hör zu und mach Notizen. Wiederhole die Geschichte in der Gruppe.**

Was ist passiert?

Wo ist das passiert?

Wann ist der Unfall passiert?

Die Folgen?

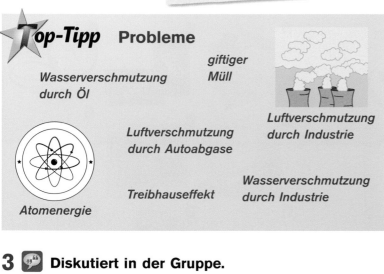

⭐ **Top-Tipp** Probleme

Wasserverschmutzung durch Öl

giftiger Müll

Luftverschmutzung durch Autoabgase

Luftverschmutzung durch Industrie

Treibhauseffekt

Wasserverschmutzung durch Industrie

Atomenergie

3 💬 **Diskutiert in der Gruppe.**

Was sind die Umweltprobleme?
Was würdet ihr machen?

A Was ist das größte Umweltproblem im Moment?
B *Ich glaube, es ist die Atomenergie.*
A Und was würdest du machen?
B *Ich würde alternative Energie finden. Und du?*
A Ich würde gegen Atomenergie demonstrieren.

⭐ **Top-Tipp**

Was würdest du machen?

weniger Auto fahren

das Licht ausmachen

weniger Müll produzieren

mit dem Bus fahren

Regenwasser sammeln

Solarenergie benutzen

kein Auto kaufen

demonstrieren

Strom sparen

mehr Rad fahren

4 📖 ✏️ **Bitte lies den Text und mach dann ein Poster. Du demonstrierst auf dem Marktplatz für die Umwelt und denkst, dass ein umweltfreundliches Auto eine gute Idee ist.**

Umweltauto aus Japan

Das umweltfreundlichste Auto kommt aus Japan. Es verbraucht nur 3,9 Liter Diesel auf 100 km; das ist sehr wenig und ist positiv für die Klimaerwärmung.

Es hat einen Spezialfilter, so dass nur wenig Staub in die Umwelt gerät. Das Auto benutzt einen normalen Motor und einen Elektromotor. Luxus und Größe des Autos sind viel weniger wichtig als das umweltfreundliche Konzept.

Das Auto ist relativ sparsam, aber auch teuer. Es kostet €22 900.

3 Und was können wir tun?

Abfall im Überblick

Viele Dinge, die wir nach Gebrauch schnell wegwerfen wollen, lassen sich leicht wiederverwerten, das heißt **recyceln**. Es können sogar wieder neue Produkte entstehen:

- aus der Zeitschrift wird ein neuer Schreibblock
- aus der Getränkedose eine neue Dose
- aus den Küchenabfällen wird wertvoller Kompost

Mülltrennung

Der gelbe Sack oder die gelbe Tonne — für Verpackungen mit dem „Grünen Punkt". In den gelben Sack kommen Verpackungen aus Metall und Kunststoff, z. B. Dosen, Joghurt- und Margarinebecher, Tragetaschen, Milch- und Saftkartons, Kaffeeverpackungen.

Die blaue Tonne — fürs Papier.
In die blaue Tonne kommen Papier wie z. B. Umschläge, Zeitungen und Zeitschriften und auch Papier- und Pappverpackungen mit dem „Grünen Punkt".

Die graue Tonne.
Was gehört in die graue Tonne? Restabfall, wie z. B. Asche, Einwegwindeln, Kerzenreste, Leder, Tapeten, Zigarettenkippen.

Die braune Tonne — Biogut
Alle Küchenabfälle (z. B. Essensreste) und Gartenabfälle kommen in die Bioabfalltonne.

Alles, was **Glas** ist (wie etwa Flaschen), kommt in die grüne Tonne oder in die **Glascontainer (Iglus)**. **Achtung!** nach Farben sortieren (weiß, braun, grün).

✓ **Talk about protecting the environment**

1 📖 **Lies bitte diesen Artikel über Mülltrennung.**

In welche Tonne kommen diese Sachen?

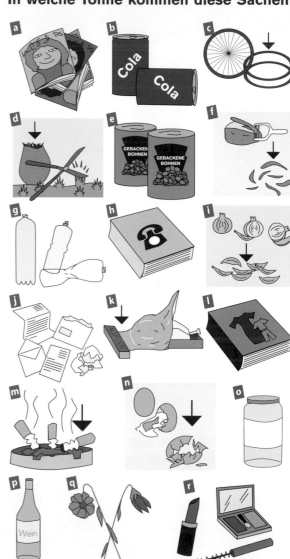

Trage den richtigen Buchstaben in die richtige Kolonne ein.

Die gelbe Tonne	Die blaue Tonne	Die braune Tonne	Die graue Tonne	Die grüne Tonne

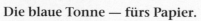

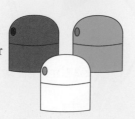

2 📖 Lies bitte diese Tipps.

Allgemeine Hinweise und Tipps zum Umweltschutz

Oder: *wie man umweltfreundlich wirkt...*

① Damit man Wasser spart, soll man lieber duschen statt baden.

② Im Winter keine Fenster offen lassen. Um Energie zu sparen, soll man lieber häufig kurz und kräftig lüften.

③ Die Heizung soll man auch noch um einen oder zwei Grad herunter drehen.

④ Damit der Müllberg nicht größer wird, soll man zum Einkaufen lieber einen Korb oder eine Jutetasche mitnehmen. Plastiktüten soll man nicht benutzen.

⑤ Man soll Pfandflaschen oder Einwegflaschen aus Glas benutzen, weil man sie bis zu 60-mal recyceln kann. Plastikflaschen vergrößern den Abfallberg.

⑥ Essen im Freien? Alles schmeckt besser mit richtigem Porzellangeschirr sowie Messer und Gabel aus Metall. Plastikbestecke und -teller sind umweltfeindlich.

⑦ Man soll das Auto zu Hause lassen, damit unsere Städte sauber und ruhig sind. Lieber mit dem Rad oder zu Fuß in die Schule kommen.

Welche Bilder sind das? Schreib für jeden Tipp die richtigen Bilder auf.

Beispiel   1 *c*

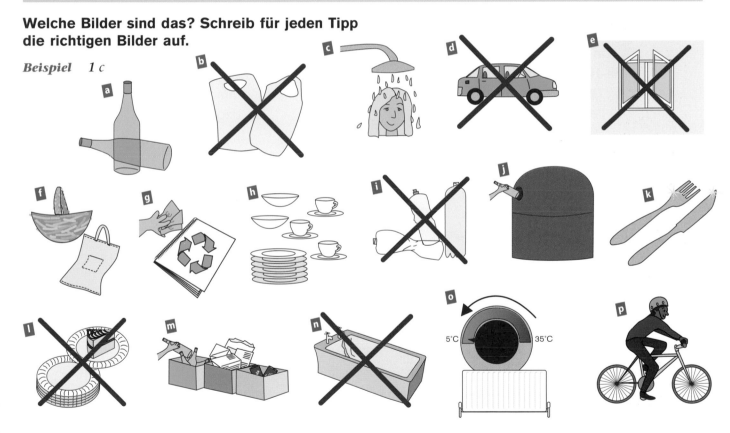

3 🎧 Hör bitte zu. Trage die richtigen Buchstaben aus Übung 2 in die Tabelle ein.

Was tut man für die Umwelt?
(1)
(2)

4 💬 Was machst du persönlich für die Umwelt?

Mach eine Präsentation über deinen Beitrag zum Umweltschutz.

5 ✍ Schreib einen Zeitungsbericht zum Thema: „Umweltprobleme in unserer Stadt. Was man tun kann".

Wie ist das Wetter heute?	What is the weather like today?
Wie war das Wetter gestern?	What was the weather like yesterday?
Wie wird das Wetter morgen sein?	What will the weather be like tomorrow?
Die Wettervorhersage für…	The weather forecast for…
…**morgen/die nächsten Tage.**	…tomorrow/the next few days.

Es ist tagsüber…	During the day it is…
…**sonnig/bewölkt, wolkig/heiß/kalt/**	…sunny/cloudy/hot/cold/
windig/neblig/nass/trocken.	windy/foggy/wet/dry.
Es regnet/schneit/	It is raining/snowing/
donnert/blitzt.	thundering/there is lightning.
Es gibt…	There is/are…
…**ein Gewitter/Regenschauer/**	…a thunderstorm/rain showers/
im Hochland/im Flachland/	in the highlands/in the lowlands/
in den Bergen/am Meer.	in the mountains/by the sea.
Die Höchsttemperatur/	The maximum temperature/
Tiefsttemperatur	minimum temperature
liegt bei…Grad Celsius.	is…degrees Celsius.

Wir haben Umweltprobleme.	We have environmental problems.
Umweltschutz ist wichtig.	Environmental protection is important.
Flüsse sind verschmutzt.	Rivers are polluted.
Industrieabgase/Autoabgase/	Industrial pollution/exhaust fumes/
giftige Abfälle	poisonous rubbish
sind gefährlich/	is/are dangerous/
schädlich für die Umwelt.	harmful for the environment.
Wir verbrauchen/benutzen/verschwenden…	We use up/use/waste…
…**Öl/Gas/Strom.**	…oil/gas/electricity.
Wir produzieren zu viel Müll/Abfall.	We produce too much rubbish.
Ich würde…	I would…
…**demonstrieren/das Licht ausmachen/**	…demonstrate/switch the light off/
mehr Rad fahren.	cycle more.
Wir können…	We can use…
…**Solarenergie/alternative Energie/**	…solar energy/alternative energy/
weniger Energie/Wasserkraft	less energy/water power.
…**benutzen.**	

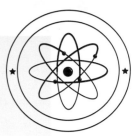

Die Wasserverschmutzung/	Water pollution/
die Luftverschmutzung/die Atomenergie/	air pollution/nuclear energy/
der Treibhauseffekt/der saure Regen…	the greenhouse effect/acid rain…
ist ein Problem.	is a problem.

Wir müssen…	We must…
…Müll recyceln/Müll trennen/	…recycle rubbish/separate rubbish/
Energie sparen/Pfandflaschen kaufen/	save energy/buy returnable bottles/
Stofftaschen benutzen.	use cloth bags.
Wir können…	We can recycle…
…Altpapier/Pappe/Altglas/	…used paper/card/old glass/
Kunststoff/Textilien/Verpackungen/	plastic/textiles/packaging/
Kompost	compost.
…recyceln.	

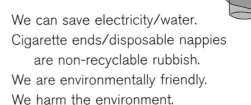

Wir können Strom/Wasser sparen.	We can save electricity/water.
Zigarettenkippen/Einwegwindeln	Cigarette ends/disposable nappies
sind Restmüll.	are non-recyclable rubbish.
Wir sind umweltfreundlich.	We are environmentally friendly.
Wir sind umweltfeindlich.	We harm the environment.
Wir arbeiten für den Umweltschutz.	We work for environmental protection.

1 Feste feiern

Learn about celebrations in Germany

Discuss what you celebrate in your family

Die Deutschen feiern gern. Sie feiern Geburtstage, Hochzeiten, es gibt Weinfeste mit einer Weinkönigin in Weingebieten und Schützenfeste, die schon seit dem Mittelalter existieren und in vielen kleineren Orten am Ende des Sommers stattfinden.

Die wichtigsten Feste sind **Karneval**, **Ostern**, **Weihnachten** und **Silvester**.

Karneval

Karneval, manchmal sagt man auch Fasching oder auch Fastnacht, feiert man vor dem Beginn der Fastenzeit, das heißt Ende Februar. Während der Fastenzeit essen viele Christen weniger Luxusartikel, vielleicht keine Schokolade, Kuchen oder Alkohol. Karneval, dagegen, ist eine große Party, wo man alles essen darf. Viele junge Menschen, aber auch die älteren verkleiden sich, das heißt sie ziehen Karnevalskostüme an, vielleicht sind sie Clown, Matrose oder Prinzessin oder tragen nur einen verrückten Hut. Oft gibt es Karnevalszüge, das sind bunt dekorierte Wagen, die durch die Stadt fahren und Musik spielen. Von dort werfen verkleidete Leute den Zuschauern Süßigkeiten zu.

Ostern

Ostern ist auch ein christliches Fest und findet im Frühling statt, meistens im April. Es ist kombiniert mit einer alten Tradition, den Frühling zu feiern.

Für die Kinder versteckt man Ostereier im Garten. Früher waren das gefärbte Hühnereier, heute sind es Schokoladeneier und Schokoladenosterhasen.

Weihnachten

Weihnachten ist ein christliches Fest, das Ende Dezember gefeiert wird.

Im Dezember gibt es überall Weihnachtsmärkte, wo man Weihnachtsgeschenke, Weihnachtsschmuck, Weihnachtsplätzchen und viele andere schöne Dinge kaufen kann.

Oft ist das Wetter sehr kalt und es schneit und die Menschen treffen sich auf dem Weihnachtsmarkt, um Glühwein zu trinken und vielleicht ein Würstchen zu essen.

Die Weihnachtsmärkte schließen am 24. Dezember. Das ist Heiligabend. Die Familien schmücken den Weihnachtsbaum, gehen vielleicht in die Kirche und danach essen sie ein gutes Abendessen. Typisch ist Karpfen, ein Fisch.

Danach ist die Bescherung. Die Kerzen brennen am Weihnachtsbaum und man packt die Geschenke aus. Das ist besonders aufregend für die Kinder, weil sie lange aufbleiben dürfen. Am 1. und 2. Weihnachtstag besucht man Verwandte und Freunde und isst weiter besonders gutes Essen.

1 📖 Bitte lies die Texte und füll dann die Tabelle aus.

Welches Wort gehört zu welchem Fest?

	Karneval	Ostern	Weihnachten	Silvester
Sekt				
Glühwein				
Bescherung				
Mitternacht				
gefärbt				
verrückt				
Osterhasen				
Fasching				
begrüßen				
Kerzen				
Clown				
Kracher				

Silvester

Silvester ist am 31. Dezember. Viele Menschen haben eine große Silvesterparty und begrüßen das neue Jahr Punkt Mitternacht mit Sekt, Raketen und Krachern. Wenn man kurz nach Mitternacht am 1. Januar in Deutschland aus dem Fenster guckt, ist am Himmel ein großes Feuerwerk. Millionen Euro werden innerhalb von 15 Minuten in die Luft geschossen.

2 Mach jetzt zehn eigene Sätze über deutsche Feste mit den Wörtern in der Tabelle in Übung 1.

3 Bitte hör zu. Was sagen Florian, Kerstin, Marius und Lisa über ihre Feste?

a Welches Verb passt dazu?   **b** Mach Notizen.

sich als Gangster	?
in die Kirche	?
Glühwein	?
mit den Geschenken	?
in den Urlaub	?
eine Freundin	?
gute Verstecke	?

Florian

Kerstin

Marius

Lisa

4 Bitte diskutiert in der Gruppe.

(1) Was feierst du?
(2) Was machst du da?
(3) Wann ist das?
(4) Was isst du?
(5) Wer kommt zu Besuch?
    Familie, Freunde?
(6) Gibt es Geschenke?

5 Schreib eine E-mail an eine Freundin/einen Freund, die/der zu Besuch kommt. Wenn sie/er kommt, feiert ihr ein Fest in deiner Familie. Beschreib, was ihr feiert.

Top-Tipp

Wir feiern...im Dezember/Mai...
Wir machen ein Feuerwerk.
Wir verkleiden uns.
Wir ziehen besondere Kleidung an.
Wir essen...
Wir gehen in...
Wir fahren nach...
Wir bekommen Besuch.

2 Probleme in der Gesellschaft

☑ Learn about current social issues

1 📖 **Lies bitte den Text über Arbeitslosigkeit in Deutschland gut durch.**

a Welcher Titel gehört zu welchem Absatz?

(1) In einigen Berufen gibt es noch Jobs.
(2) Probleme für Jüngere.
(3) Viele Menschen sind arbeitslos.
(4) Viele Probleme für Ältere.
(5) Man erwartet, dass bestimmte Menschen nicht arbeiten.
(6) Vieles hängt vom Beruf ab.

b Welche Menschen haben Schwierigkeiten, einen Job zu finden? Und welche haben es leichter? Füll die Tabelle aus.

👎 haben es schwer (1–4)	👍 haben es leichter (1–3)
(1)	

c Warum haben diese Menschen wahrscheinlich Schwierigkeiten, einen Job zu finden? (1–4)

(1) *Diese Menschen haben es schwer, weil...*

Arbeitslosigkeit

a Wenn du morgens zur Schule musst, gehen die meisten Erwachsenen zur Arbeit. Doch ungefähr 5 Millionen Menschen haben keine Arbeit. Die meisten von ihnen suchen eine neue Arbeit. Aber eine Arbeit zu finden, ist nicht so einfach.

b Viele Chefs suchen vor allem junge Leute, die schnell arbeiten und nicht oft krank werden. Wer etwas älter ist, wird von vielen Chefs abgewiesen. Leute, die älter als 50 sind, haben oft keine Chance mehr, einen neuen Job zu finden.

c Auch junge Leute haben Probleme bei der Suche nach einem Arbeitsplatz. Weil so viele eine Arbeit suchen, können die Chefs unter vielen Bewerbern wählen. Wer schlechte Zeugnisse und keine Berufsausbildung hat, hat wenige Chancen, eine Stelle zu bekommen.

d Es gibt Berufe, in denen es auch nichts nützt, gut ausgebildet und jung zu sein. Architekten finden nur ganz schwer Jobs. Es werden wenige Häuser gebaut und deshalb braucht man auch wenige Architekten. Die Banken brauchen kaum neue Leute. Sie stellen überall Selbstbedienungsautomaten auf oder bitten ihre Kunden, ihr Konto über das Internet zu führen. Deshalb braucht man weniger Leute an den Bankschaltern.

e Natürlich gibt es auch Arbeitslose, die Glück haben und einen Job finden. Bäcker und Fleischer zum Beispiel braucht man überall.

f In Deutschland leben mehr als 82 Millionen Menschen. 38 Millionen von ihnen haben eine Arbeit. Aber die anderen Menschen sind nicht alle arbeitslos. Es gibt Schüler, Kindergartenkinder, Studenten und alte Leute, die noch nicht oder nicht mehr arbeiten. Auch Hausfrauen und Hausmänner, die zu Hause kochen, putzen, waschen und sich um die Kinder kümmern, zählen nicht als Arbeitslose.

2 🎧 **Hör bitte dem Bericht „Drogen sind uncool" gut zu.**

a Was bedeuten diese Zahlen?
(1) 28   (2) 20   (3) 1300   (4) 16

b Wie sind die Reaktionen der Jugendlichen gegenüber:

(1) Rauchen?
(2) Drogen?
(3) Cannabis?

c Was will Sabine Bätzing machen? Und warum?

d Man darf an deutschen Schulen nicht rauchen. Richtig oder falsch? Begründe deine Antwort.

3 💬 **Mach eine Umfrage zum Thema „Drogen". Frage fünf bis sechs Personen.**

A Rauchst du?
B *Ich rauche, weil...*
A Trinkst du?
B *Ich...*

4 🏔 **Schreib jetzt die Ergebnisse deiner Umfrage auf.**

✦ Top-Tipp

Ich rauche nicht, weil es stinkt.
weil es ungesund ist.
weil es sehr teuer ist.

Ich nehme keine Drogen, weil es gefährlich ist.
Ich trinke keinen Alkohol, weil das schlecht schmeckt.

Ich rauche/trinke, weil meine Freunde rauchen/trinken.
Ich trinke Alkohol, weil das entspannt.
Ich nehme Drogen, weil ich das für cool halte.

5a 📖 **Lies bitte diesen Zeitungsbericht.**

b 🏔 **Schreib jetzt einen Zeitungsbericht über die Situation der Jugendkriminalität in deiner Stadt.**

Diskussion über härtere Strafen für brutale Kids

In München gibt es einen 17-Jährigen, der schon 80 Straftaten begangen hat aber noch nie im Gefängnis war! In Berlin gibt es zur Zeit 459 Kinder und Jugendliche bis zu 21 Jahren, die mehr als 20 Straftaten begangen haben. Kein Wunder also, dass man jetzt diskutiert, ob man Jugendkriminelle vielleicht zu milde bestraft.

Das Problem dabei ist, dass man erst ab 14 von einem Gericht verurteilt werden kann. Viele Jugendliche beginnen aber viel früher, kriminell zu sein, z. B. Raub, Drogenhandel, Körperverletzung. Weil man diese Kids noch nicht bestrafen darf, erfahren sie nicht, wie hart es im Gefängnis ist. Warum sollten sie also aufhören?

3 Das vereinte Deutschland
Ein bisschen Geschichte

☑ **Learn about Germany after the Second World War**

1a 📖 **Bitte lies diesen Text.**

Nach dem Zweiten Weltkrieg, 1945 war Deutschland in vier Sektoren geteilt. Norddeutschland war von den Briten besetzt, Süddeutschland von den USA, Westdeutschland von Frankreich und Ostdeutschland von der Sowjetunion. Du kannst das auf der Karte sehen.

Die **Siegermächte** (Großbritannien, USA, Frankreich, Sowjetunion) haben über diese Situation diskutiert und alle außer der Sowjetunion wollten, dass Deutschland wieder ein freies Land wurde. Das Problem war die **Hauptstadt Berlin**, die wie eine Insel in dem sowjetischen Sektor lag. Bitte sieh dir das auf der Karte an.

Berlin war auch in vier Sektoren aufgeteilt. Im Juni 1948 wollte die Sowjetunion zeigen, wie viel Kontrolle sie hatte und blockierte alle Straßen, Eisenbahnlinien und Flüsse, so dass der Transport von Lebensmitteln und allem, was eine Stadt braucht, nicht mehr möglich war (**Berliner Blockade**).

Landkarte von 1945

b 💬 **Diskutiere mit deinem Partner, was eine Stadt wie Berlin zum Leben braucht. Mach eine Liste.**

2a 📖 **Bitte lies diesen Text.**

Die Luftbrücke

Zwei Tage später haben die westlichen Siegermächte beschlossen, Berlin zu helfen. Sie haben von Juni 1948 bis Mai 1949 in 277 000 Flügen alles, was Berlin brauchte mit dem Flugzeug nach Berlin transportiert. Man hat diese Flugzeuge Rosinenbomber genannt. Heute gibt es auch ein Museum darüber.

Die Blockade wurde aufgehoben und seit 1949 existierten zwei deutsche Staaten, die Bundesrepublik Deutschland (BRD, Sektoren der drei westlichen Siegermächte) und die Deutsche Demokratische Republik (DDR, sowjetischer Sektor).

Berliner Mauer

Viele Menschen in der DDR waren unzufrieden, weil sie dachten, dass das Leben im Westen besser wäre. Viele haben die DDR verlassen. Das wurde immer schwieriger, weil die Grenzkontrollen sehr streng waren.

Nur der Weg von Ost- nach Westberlin war noch auf. Viele Familien wohnten überall in Berlin, vielleicht wohnten die Großeltern im Osten der Stadt und die Eltern und Kinder im Westen. Viele Menschen haben im Westen gearbeitet und im Osten gewohnt.

Am 13. August 1961 in der Nacht hat die Sowjetunion die Sektorengrenze blockiert und später eine Mauer gebaut. Die Mauer wurde von Soldaten kontrolliert. Jetzt konnte man nicht mehr von Ost- nach Westberlin und auch nicht mehr von West- nach Ostberlin gehen.

b 💬 **Diskutiere in der Gruppe die Situation in Berlin am Morgen des 14. August.**

Welche Probleme hat es gegeben? Wie wäre die Situation in deiner Stadt, wenn es auf einmal eine Mauer gibt? Mach wieder eine Liste der Probleme.

3 📖 🖼️ **Bitte lies diesen Text und beantworte die Fragen.**

Deutsche Einheit:
Wende nach langer Teilung

Es ist noch nicht lange her, dass Deutschland in zwei Teile geteilt war: In die Deutsche Demokratische Republik (DDR) im Osten und in die Bundesrepublik Deutschland (BRD) im Westen. Seit dem Ende des Zweiten Weltkriegs lebten die Deutschen unter der Teilung: Familien auseinander gerissen, ohne Kontakt zueinander.

Eine Mauer trennte die beiden Staaten. 28 Jahre lang sind Ost- und Westdeutschland durch eine Mauer getrennt. Die Mauer war Symbol einer Politik der Abgrenzung von Ost und West. Aber der Wunsch nach Wiedervereinigung blieb — in der Bundesrepublik stand die Einheit sogar als Ziel im Grundgesetz.

Dieses Ziel ist näher gerückt, als Mitte der 80er Jahre der sowjetische Präsident Michail Gorbatschow begonnen hat, sein Land zu reformieren. Gorbatschows Politik war bald unter den Stichwörtern „Glasnost" und „Perestroika" berühmt („Transparenz" und „Umgestaltung"). „Gorbi" hat die Menschen in Ost und West ermutigt.

In der DDR sind jeden Montag Hunderttausende von Menschen in Leipzig und anderen Städten auf die Straßen gegangen und haben unter dem Motto „Wir sind das Volk" für die Freiheit demonstriert. Sie haben gegen die politischen Verhältnisse in der DDR protestiert und sie wollten die Reisefreiheit für alle DDR-BürgerInnen.

Diese friedliche Revolution hat zur Wende geführt: Am 9. November 1989 ist die Mauer gefallen.

Die Öffnung der Mauer am Abend des 9. November 1989 steht für das Ende der Politik des „Kalten Krieges". Endlich konnten die Menschen aus der DDR wieder in den Westen reisen. Viele sind in dieser Nacht zur Grenze gefahren, wo wildfremde Menschen einander vor Freude umarmt haben.

Am 3. Oktober 1990 ist aus Deutschland wieder ein Land geworden. Der „Tag der deutschen Einheit" wurde endlich Wirklichkeit und der 3. Oktober wurde nationaler Feiertag. Heute stehen noch kleine Stücke der Mauer, die als Denkmal an die Zeit des „Eisernen Vorhangs" erinnern.

(1) Was und wo war die DDR?

(2) Was dauerte 28 Jahre?

(3) Wer war Michail Gorbatschow und was wollte er erreichen?

(4) Warum hat man in der DDR demonstriert?

(5) Warum ist der 9. November 1989 wichtig?

(6) Nach dem 9. November wie war das Leben in Deutschland anders?

(7) Warum feiert man den 3. Oktober?

Vokabular

Was feiern wir?	What do we celebrate?
In Deutschland feiert man…	In Germany people celebrate…
…Weihnachten/Silvester/	…Christmas/New Year's Eve/
Karneval/Ostern.	Carnival/Easter.
Zu Weihnachten gibt es…	At Christmas there is/are…
…Weihnachtsmärkte/Glühwein/	…Christmas markets/mulled wine/
einen Weihnachtsbaum/	a Christmas tree/
Weihnachtsplätzchen/Heiligabend/	Christmas biscuits/Christmas Eve/
die Bescherung.	the giving out of Christmas presents.
Silvester ist bekannt für Sekt/Feuerwerk.	New Year's Eve is well known for
	champagne/fireworks.
In der Karnevalszeit kann man	At carnival time you can see
Karnevalskostüme/dekorierte Wagen	carnival costumes/decorated floats.
sehen.	
Zu Ostern bekommt man Ostereier/	At Easter you get Easter eggs/
Schokoladenosterhasen.	chocolate Easter bunnies.

Wir feiern im Januar/Mai/Oktober.	We celebrate in January/May/October.
Wir bekommen Geschenke.	We get presents.
Wir essen ein besonderes Essen.	We eat a special meal.
Wir bekommen Besuch.	We have visitors.
Wir fahren nach…	We go to…
Wir ziehen schöne/besondere Kleidung an.	We put on beautiful/special clothes.

Es ist nicht leicht,…	It is not easy…
…eine Arbeit zu finden/eine Stelle	…to find work/to get a job.
…zu bekommen.	
Viele Menschen sind arbeitslos, weil…	Many people are unemployed, because…
…sie schon älter sind.	…they are older.
…man im Moment nicht so viele Architekten/	…not so many architects/
Bankangestellte braucht.	bank clerks are needed at the
	moment.
…sie schlechte Zeugnisse haben.	…they have bad school reports.
…sie keine Berufsausbildung haben.	…they have no professional training.

Ich nehme keine Drogen, weil es gefährlich ist/meine Freunde es nicht tun.	I don't take drugs, because it is dangerous/ my friends don't do it.
Ich rauche nicht, weil es schlecht/ ungesund ist.	I don't smoke, because it is bad/ unhealthy.
Jugendkriminalität/Rauschgiftmissbrauch/ Drogenhandel ist eine aktuelles Problem.	Youth crime/drug abuse/ drug trade is a current problem.

Deutschland/Berlin war geteilt.	Germany/Berlin was divided.
Seit 1949 existierten zwei deutsche Staaten.	From 1949 there were two German states.
Die Menschen haben für Freiheit demonstriert.	People demonstrated for freedom.
Die Mauer ist gefallen.	The Wall fell.
Die Menschen konnten wieder in den Westen reisen.	People could travel to the West again.
Die Wende/die Wiedervereinigung war offiziell am 3. Oktober 1990.	Reunification was officially on 3 October 1990.
Der 3. Oktober ist jetzt ein Feiertag.	3 October is now a public holiday.

1 💬 **Task: Media and culture**

You are working at your local cinema. A German tourist comes in and needs some information. He/she wants some information about the cinema, tickets and the films currently showing. Use the information leaflet to help you to answer the questions. Your teacher will play the part of the tourist and will start the conversation.

Cinescope Cinema

The Curious Case of Benjamin Button
The tale of a man who is born in his eighties and ages backwards!

Starring Brad Pitt and Cate Blanchett

Daily 11.30, 14.30, 19.30

Vicky Cristina Barcelona
Romantic comedy about two young American women and their escapades in Barcelona — one of the world's most romantic cities

Starring Scarlett Johansson, Penélope Cruz

Daily 11.30, 13.30, 15.30, 17.30, 19.30, 21.30

Twilight
A teenage girl falls for a handsome vampire.

Starring Kristen Stewart and Robert Pattinson

Sunday morning cine club: 11.00

Slumdog Millionaire
18-year-old Mumbai slum kid Jamal faces the final question on India's *Who Wants To Be A Millionaire*?

Starring Dev Patel

Saturday and Sunday 12.00 and 15.00

- Monthly season tickets available
- Restaurant and bar in cinema complex
- Opening hours: 10.30 a.m.–11.30 p.m.
- Reduced rates weekdays before 2.00 p.m. and all day Tuesday

2 🎭 **You are a musician and have been asked to write a short magazine article about yourself. Below are some suggestions of the information you could include:**

- personal information
- what instrument(s) you play
- the kind of music you like playing
- what your day is like

- the people you work with
- the most important influence on your life
- the best achievement in your life to date
- your ambitions for the future

3 📖 How to save energy

Read these tips on how to save energy. Answer the questions below in English.

Es gibt viele Methoden, um im Alltag Energie zu sparen und dadurch die Umwelt zu schützen. Außerdem sparen wir Geld, denn Energie ist ganz teuer.

Energiesparlampen verbrauchen viel weniger Strom und halten länger! Aber natürlich gilt trotzdem: Wenn du einen Raum verlässt — Licht aus!

Für eine volle Badewanne brauchst du ungefähr 120 Liter Wasser — zum Duschen gerade mal 50 Liter, wenn du nicht allzu lange duschst. Beim Duschen sparst du aber nicht nur Wasser, sondern auch die Energie, die benötigt wird, um das Wasser zu wärmen. Also lieber Duschen statt Baden.

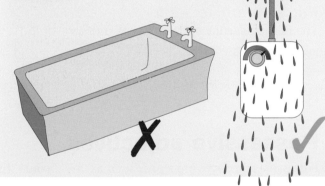

Das sind lange Strecken, die eine Tomate aus Spanien oder die Ananas aus Costa Rica zurücklegen muss, bis sie bei uns im Supermarkt landen. Durch den langen Transport werden viel Benzin und Kerosin verbraucht, was die Umwelt natürlich belastet. Du sollst auch wissen, dass Obst und Gemüse meist chemisch behandelt werden, damit sie diesen Transport gut überstehen! Daher: Immer heimisches Obst und Gemüse kaufen!

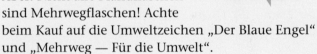

Mehrwegflaschen werden bis zu 50 Mal wieder verwendet. Das heißt, es wird keine Energie für die Herstellung neuer Flaschen benötigt. Aber: Nicht alle Pfandflaschen sind Mehrwegflaschen! Achte beim Kauf auf die Umweltzeichen „Der Blaue Engel" und „Mehrweg — Für die Umwelt".

(1) Give **two** reasons why we should save energy, according to the text.   (2)
(2) Energy-saving light bulbs save energy. Give **one** other reason why you should use them.   (1)
(3) Give **two** reasons why you should shower instead of taking a bath.   (2)
(4) Give **two** reasons why you should buy local fruit and vegetables.   (2)
(5) Give **one** reason why you should buy drinks etc. in reusable bottles.   (1)

4 💬 Task: The environment

You are discussing the environment with a German friend. You'll have to talk about the points in the list below and may also have to answer unexpected questions. Your teacher plays the part of your German friend.

- Why is it important to save energy?
- How can we save energy?
- Why is it necessary to recycle?
- How and what can we recycle?
- What are the effects on the environment if we don't recycle?
- Are there other things we can do to protect the environment?
- What do you think the world will be like in 2100?

Grammatik

Nouns

A noun is a:
- person (the teacher)
- name (Connie)
- concept (happiness)
- animal (the guinea pig)
- thing (the whiteboard)

In German all nouns start with a capital letter.

Gender: masculine, feminine or neuter

All German nouns are either masculine (*der*), feminine (*die*) or neuter (*das*).

	m	f	n
the	*der Mund*	*die Hand*	*das Haus*
a	*ein Mund*	*eine Hand*	*ein Haus*

You must learn the gender of each noun.

Plural

The best way to remember the plural form is to learn it together with each noun in the singular. German nouns form their plurals in lots of different ways.

Masculine nouns tend to add an *-e* (where appropriate, there is also an umlaut):

der Tisch – die Tische
der Baum – die Bäume

There is no plural ending for masculine nouns ending in *-el*, *-en* or *-er*.

der Lehrer – die Lehrer
der Schlüssel – die Schlüssel

Feminine nouns tend to add an *-n* or *-en*:

die Frau – die Frauen
die Blume – die Blumen

Neuter nouns tend to add *-e* or *-er* (where appropriate, there is also an umlaut):

das Spiel – die Spiele
das Buch – die Bücher

The ending *-s* is only used to form plurals of nouns borrowed from another language:

das Auto – die Autos
das Kino – die Kinos
das Restaurant – die Restaurants

The plural word for 'the' is '*die*' for all nouns, whatever gender the word is in the singular.

Articles

Definite article

There are three genders in German: nouns can be masculine (*der*), feminine (*die*) or neuter (*das*).

In the plural all nouns have the same article (*die*). *Der, die* and *das* mean 'the' in English. This is called the **definite article**.

m	f	n	pl
der Vater	*die Mutter*	*das Kind*	*die Autos*

Indefinite article

The **indefinite article** is 'a/an' in English. There is no plural form of the indefinite article.

m	f	n
ein Vater	*eine Mutter*	*ein Kind*

Negative article: *kein*

The negative article means 'not a', 'not any' or 'no'.

m	f	n	pl
kein Vater	*keine Mutter*	*kein Kind*	*keine Autos*

Possessive adjectives

Possessive adjectives are words such as 'my', 'your', 'his' and 'her'. Their gender and number must agree with the noun they refer to.

	m	f	n	pl
my	*mein*	*meine*	*mein*	*meine*
your	*dein*	*deine*	*dein*	*deine*
his	*sein*	*seine*	*sein*	*seine*
her	*ihr*	*ihre*	*ihr*	*ihre*
its	*sein*	*seine*	*sein*	*seine*
our	*unser*	*unsere*	*unser*	*unsere*
your	*euer*	*eure*	*euer*	*eure*
their	*ihr*	*ihre*	*ihr*	*ihre*
your	*Ihr*	*Ihre*	*Ihr*	*Ihre*

*Das ist **mein** Vater.*
*Das ist **deine** Mutter.*
*Das ist **sein** Auto.*
*Das sind **ihre** Eltern.*

Demonstrative adjectives: *dieser*

Dieser corresponds to the English 'this' (singular) or 'these' (plural).

m	f	n	pl
dieser	*diese*	*dieses*	*diese*

Dieser *Pullover ist schön.*   This sweater is nice.
Diese *Bluse ist zu klein.*   This blouse is too small.
Dieses *Kleid ist teuer.*   This dress is expensive.

Interrogative adjectives

Welcher means 'which' in English.

m	f	n	pl
welcher	*welche*	*welches*	*welche*

Welches *Hemd ist zu groß?*   Which shirt is too big?

Case

German nouns have a gender and they can be singular or plural. They will also be in a certain case, depending on the part that the noun plays in the sentence.

Nominative

The nominative case is used for the subject of the sentence. The subject is the person or thing 'doing' the action (the verb).

Der Mann *fährt nach Berlin.*
Meine Schwester *wohnt in Salzburg.*
Dieses Meerschweinchen *ist süß.*
Diese Schuhe *kosten €80.*

Accusative

The accusative case is used:
- for the direct object of the sentence. The direct object is the person or thing to which the action is being 'done'.
  Ich kaufe **einen Bleistift.**
  Er hat **keine Schwester.**
  Christoph trägt **das Hemd.**
  Elizabeth macht **ihre Hausaufgaben.**
- after certain prepositions (**fudgebow**):
  für, um, durch, gegen, entlang, bis, ohne, wider
  Ich gehe durch **den Park.**
  Das Postamt liegt um **die Ecke.**

Dative

The dative case is used:
- for the indirect object of the sentence. The indirect object is the person or thing to whom/which or for whom/which something is being 'done' (whatever the verb).
  Ich gebe **meinem Bruder** *das Buch.*
  Er schreibt **seiner Mutter** *einen Brief.*
  Christoph zeigt **dem Kind** *das Bild.*
  Wir schicken **unseren Freunden** *eine Postkarte.*
- after certain prepositions:
  aus, außer, bei, gegenüber, mit, nach, seit, von, zu
  Ich wohne **bei meiner Schwester.**
  Er kommt **aus dem Zimmer.**
- with certain verbs:
  gehören (to belong to)   *Das Buch gehört* **der Schule.**
  helfen (to help)   *Wir helfen* **den Kindern.**
  passen (to fit/suit)   *Die Jeans passt* **meinem Freund** *gut.*

In the plural an *-n* is added to the noun if it does not already end in one.
  Mit den Freunden

Summary of case endings

Definite article

	m	f	n	pl
Nominative	*der*	*die*	*das*	*die*
Accusative	*den*	*die*	*das*	*die*
Dative	*dem*	*der*	*dem*	*den*

The demonstrative adjective *dieser* and the interrogative adjective *welcher* follow the same pattern.

Indefinite article

	m	f	n
Nominative	*ein*	*eine*	*ein*
Accusative	*einen*	*eine*	*ein*
Dative	*einem*	*einer*	*einem*

Negative article: *kein*

	m	f	n	pl
Nominative	*kein*	*keine*	*kein*	*keine*
Accusative	*keinen*	*keine*	*kein*	*keine*
Dative	*keinem*	*keiner*	*keinem*	*keinen*

The possessive adjectives *mein, dein* etc. follow the same pattern as *kein*.

Grammatik

Prepositions

Prepositions are words that tell you where things are, e.g. 'in', 'on', 'under'.

Prepositions + accusative

The following prepositions are always followed by the accusative case:

bis	until
durch	through
für	for
entlang	along (stands after the noun)
gegen	against
ohne	without
um	around
wider	against

*Ich gehe **den Fluss** entlang.*
*Das Geschenk ist für **meine Freundin**.*

Prepositions + dative

These prepositions are always followed by the dative case:

aus	from, out of
außer	except for
bei	at
gegenüber	opposite
mit	with
nach	after, to
seit	since
von	from
zu	to

***Nach der Schule** gehe ich schwimmen.*
*Er kommt **aus dem Geschäft**.*

Shortened forms

zu dem	→	*zum*	*bei dem*	→	*beim*
zu der	→	*zur*	*von dem*	→	*vom*

Prepositions + either accusative or dative

Some prepositions can be followed by either the accusative or the dative case. The accusative is used to show movement towards a place. The dative is used to show rest or movement at a place.

an	at, on (vertical things)
auf	on (horizontal things)
hinter	behind
in	in, into
neben	next to
über	over, above, across
unter	under, among
vor	in front of
zwischen	between

Accusative:	*Ich gehe **in das Haus**.*
Dative:	*Wir wohnen **in dem Doppelhaus**.*
Accusative:	*Er hängt das Bild **an die Wand**.*
Dative:	*Das Bild hängt **an der Wand**.*

Shortened forms

in das	→	*ins*	*an das*	→	*ans*
in dem	→	*im*	*an dem*	→	*am*

Adjectives

Adjectives are words that describe nouns.

After the noun

If you place adjectives after the noun, they do not change:

*Mein Garten ist **schön**.*
*Die Hose ist **blau**.*
*Das Haus ist **groß**.*

Before the noun

If you put adjectives before the noun, you have to add an ending.

After the definite article, the demonstrative adjective *dieser* and the interrogative adjective *welcher*, the endings are as follows:

	m	f	n	pl
Nominative	*der schöne Garten*	*die blaue Hose*	*das große Haus*	*die alten Schuhe*
Accusative	*den schönen Garten*	*die blaue Hose*	*das große Haus*	*die alten Schuhe*
Dative	*dem schönen Garten*	*der blauen Hose*	*dem großen Haus*	*den alten Schuhen*

*Ich kaufe **diesen** schwarzen Pulli.*

After the indefinite article, the negative article *kein* and the possessive adjectives *mein*, *dein* etc., the endings are as follows:

	m	f	n	pl
Nominative	*ein schöner Garten*	*eine blaue Hose*	*ein großes Haus*	*keine alten Schuhe*

	m	f	n	pl
Accusative	*einen schönen Garten*	*eine blaue Hose*	*ein großes Haus*	*keine alten Schuhe*
Dative	*einem schönen Garten*	*einer blauen Hose*	*einem großen Haus*	*keinen alten Schuhen*

Ich schreibe einen langen Brief.
Ich wohne bei meiner besten Freundin.
Ein großes, modernes Haus kostet viel Geld.

Comparative and superlative

Comparative

To compare two things you use the comparative, which is formed by adding -er to the adjective:

schnell	fast	*schneller*	faster
früh	early	*früher*	earlier
schlecht	bad	*schlechter*	worse

A preceding vowel (*a, o, u*) can take an umlaut in the comparative:

warm	warm	*wärmer*	warmer
groß	big	*größer*	bigger
gesund	healthy	*gesünder*	healthier

In English, with longer adjectives we often say 'more', e.g. 'more interesting'. In German this does not happen. You still add -er:

oft	often	*öfter*	more often
interessant	interesting	*interessanter*	more interesting

But note some exceptions:

viel	lots	*mehr*	more
gut	good	*besser*	better
hoch	tall/high	*höher*	taller/higher

Superlative

The superlative (highest, quickest etc.) is formed by using *am* and adding -sten to the adjective:

schnell	fast
am schnellsten	fastest
freundlich	friendly
am freundlichsten	most friendly

*Alle Autos hier sind billig, aber dieses Auto ist **am billigsten**.*
All cars here are cheap, but this car is the cheapest.

You can also place the superlative in front of the noun.

In this case there is no *am* and you must add the relevant ending:

*Ich habe **das billigste** Auto gekauft.*
I bought the cheapest car.

Note these common exceptions:

gut		good
am besten	*das beste*	best
hoch		tall/high
am höchsten	*das höchste*	tallest/highest
viel		lots
am meisten	*das meiste*	most

Pronouns

Personal pronouns

A pronoun is a word that is used instead of a person or a thing. German pronouns change according to their case.

	Nominative	Accusative	Dative
I	*ich*	*mich*	*mir*
you (informal)	*du*	*dich*	*dir*
he, it	*er*	*ihn*	*ihm*
she, it	*sie*	*sie*	*ihr*
it	*es*	*es*	*ihm*
we	*wir*	*uns*	*uns*
you (informal)	*ihr*	*euch*	*euch*
they	*sie*	*sie*	*ihnen*
you (polite)	*Sie*	*Sie*	*Ihnen*

Wo wohnt deine Schwester?
***Sie** wohnt in Zürich.*   **She** lives in Zurich.

Magst du meine neuen Schuhe?
*Ja, ich finde **sie** toll.*   I think **they** are great.

Dieser Film soll gut sein.
*Ich habe **ihn** schon gesehen.*   I have already seen **it**.

Reflexive pronouns

Reflexive pronouns are used with reflexive verbs. A reflexive verb is used when a person does something to him**self**/her**self**.

*Ich wasche **mich**.*
*Du wäschst **dich**.*
*Er/sie/es wäscht **sich**.*
*Wir waschen **uns**.*
*Ihr wascht **euch**.*
*Sie/sie waschen **sich**.*

Grammatik

Some reflexive verbs use *mir* and *dir* instead of *mich* and *dich*:

> *Ich putze **mir** die Zähne.* I clean my teeth.

Relative pronouns

Relative pronouns (that, who, which etc.):

- introduce relative clauses
- send the verb to the end of the sentence
- agree in number and gender with the noun they refer to

The grammatical case of the relative pronoun depends on its role in the relative clause. We can join the following two sentences with a relative pronoun:

> *Der Mann heißt Walter. Er spielt gut Tennis.*
> *Der Mann, **der** gut Tennis spielt, heißt Walter.*
> or *Der Mann, **der** Walter heißt, spielt gut Tennis.*

The relative clauses *der gut Tennis spielt* and *der Walter heißt* cannot stand on their own: they simply tell us more about the man.

The relative pronouns are as follows:

	m	**f**	**n**	**pl**
Nominative	*der*	*die*	*das*	*die*
Accusative	*den*	*die*	*das*	*die*
Dative	*dem*	*der*	*dem*	*denen*

You cannot omit the relative pronoun in a relative clause in German.

Verbs

Verbs are doing words: they describe actions. The form of the verb depends:

- on the person or thing doing the action. This is the subject of the verb and could be a noun or a pronoun. You must use the correct verb ending for each different noun/pronoun.
- on when the action happens: this is known as the **tense.**

Present tense

Use the present tense to talk about what is happening now or what happens every day or regularly.

Weak or regular verbs

All weak or regular verbs behave like *wohnen* (to live). First find the infinitive, e.g. **wohnen**, and take off the *-en*

to give the stem (**wohn-**). Then add the endings highlighted below:

wohnen

ich	wohne	wir	wohnen
du	wohnst	ihr	wohnt
er/sie/es	wohnt	sie	wohnen
Sie	wohnen	Sie	wohnen

Strong or irregular verbs

Some verbs are known as **strong** or **irregular** verbs. These verbs change the stem slightly, usually in the *du* and *er/sie/es* forms. Look at *sehen* (to see) and *haben* (to have) below:

sehen

ich	sehe	wir	sehen
du	**siehst**	ihr	seht
er/sie/es	**sieht**	sie	sehen
Sie	sehen	Sie	sehen

haben

ich	habe	wir	haben
du	**hast**	ihr	habt
er/sie/es	**hat**	sie	haben
Sie	haben	Sie	haben

A few verbs are more irregular, e.g. *sein* (to be). This is a very important verb and you must learn it.

sein

ich	bin	wir	sind
du	bist	ihr	seid
er/sie/es	ist	sie	sind
Sie	sind	Sie	sind

Modal verbs

There is a small group of six verbs known as **modals**. You usually use modal verbs together with another verb which is in the infinitive and goes at the end of the sentence. The six modal verbs are:

können (can/to be able to)

ich	kann	wir	können
du	kannst	ihr	könnt
er/sie/es/man	kann	sie	können
Sie	können	Sie	können

wollen (to want to)

ich	will	wir	wollen
du	willst	ihr	wollt
er/sie/es/man	will	sie	wollen
Sie	wollen	Sie	wollen

sollen (should/to ought to)

ich	soll	wir	sollen
du	sollst	ihr	sollt
er/sie/es/man	soll	sie	sollen
Sie	sollen	Sie	sollen

müssen (must/to have to)

ich	muss	wir	müssen
du	musst	ihr	müsst
er/sie/es/man	muss	sie	müssen
Sie	müssen	Sie	müssen

dürfen (may/to be allowed to)

ich	darf	wir	dürfen
du	darfst	ihr	dürft
er/sie/es/man	darf	sie	dürfen
Sie	dürfen	Sie	dürfen

mögen (to like to)

ich	mag	wir	mögen
du	magst	ihr	mögt
er/sie/es/man	mag	sie	mögen
Sie	mögen	Sie	mögen

Ich **muss** mit dem Zug nach Berlin **fahren**.
I have to travel to Berlin by train.

Er **will** ein neues Auto **kaufen**.
He wants to buy a new car.

Du **kannst** hier Fußball **spielen**.
You can play football here.

Separable verbs
Separable verbs come in two parts: the prefix and the verb. In the present tense you separate the prefix from the verb and put the prefix at the end of the sentence. The verb is the second element, as usual. Look at these sentences:

abwaschen   Ich wasche jeden Tag **ab**.

aufräumen   Sie räumt ihr Zimmer nie **auf**.
einkaufen   Mein Vater kauft gern **ein**.
fernsehen   Jeden Abend sehen wir 2 Stunden **fern**.

In a dictionary (or glossary) the prefix is always listed first.

Perfect tense
The perfect tense is used to talk about what happened in the past. It is made up of two parts:
(1) the **auxiliary**, i.e. the correct form of either *haben* or *sein*
(2) the **past participle**, which goes at the end of the sentence

Past participle
To form the past participle of **regular** verbs, take the infinitive, e.g. *kaufen*, cross off the *-en* at the end and add *-t*, then add *ge-* to the beginning of the word. For example, the past participle of *kaufen* is *gekauft*: gekauf~~ent~~. The past participle *always* stays the same.

Irregular past participles
Irregular past participles still have *ge-* at the beginning but end in *-en* rather than *-t*, e.g.:
    infinitive = *geben*   past participle = *gegeben*

Sometimes the vowel changes as well, e.g.:
    infinitive = *trinken*   past participle = *getrunken*

There is a full list of common irregular past participles on pages 156–157.

Verbs beginning with *be-*, *emp-*, *ver-* or ending in *-ieren*
Verbs that begin with **be-**, **emp-**, **ver-** or that end in **-ieren** do not add *ge-* at the beginning to form the past participle. They end in *-t* or *-en* depending on whether they are regular:
    telefonieren = *telefoniert*
    besuchen = **be**sucht
    empfehlen = **emp**fohlen

Haben or sein
Most verbs form the perfect tense with *haben*.

Ich **habe** ein T-Shirt **gekauft**.
Du **hast** zu viel Schokolade **gegessen**.
Er **hat** einen Schlüssel **gefunden**.

However, the following verbs form the perfect tense with *sein*:
- verbs of movement, e.g. *gehen, fliegen, fahren*
- verbs indicating a change of state, e.g. *aufwachen* (to wake up), *einschlafen* (to go to sleep)

Grammatik

- *bleiben* (to stay)
  *Ich **bin** nach Hause **gegangen**.*
  *Wir **sind** nach Amerika **geflogen**.*
  *Er **ist** mit dem Auto **gefahren**.*
  ***Bist** du zu Hause **geblieben**?*

Separable verbs in the perfect tense
In separable verbs the *ge-* goes after the separable prefix:
  *Ich bin um 8 Uhr auf**ge**wacht.*
  *Wir haben den Tisch ab**ge**räumt.*

Imperfect tense
The imperfect tense is also used to describe the past. Except for some common verbs, it is not usually used in speech.

Regular verbs in the imperfect
Take the infinitive of the verb, e.g. *machen*, cross off the *-en* (*machen*) and add these endings:

ich	machte	wir	machten
du	machtest	ihr	machtet
er/sie/es	machte	sie	machten
Sie	machten	Sie	machten

Irregular verbs in the imperfect
Irregular (strong) verbs have set stems to which the following endings are added:

geben

ich	gab	wir	gaben
du	gabst	ihr	gabt
er/sie/es	gab	sie	gaben
Sie	gaben	Sie	gaben

Mixed verbs in the imperfect
Mixed verbs have set stems but add regular endings, e.g. *denken*:

ich	dachte	wir	dachten
du	dachtest	ihr	dachtet
er/sie/es	dachte	sie	dachten
Sie	dachten	Sie	dachten

Common irregular verbs used in the imperfect in speech
The most common irregular verbs used in the imperfect in spoken German are:

sein

ich	war	wir	waren
du	warst	ihr	wart
er/sie/es	war	sie	waren
Sie	waren	Sie	waren

haben

ich	hatte	wir	hatten
du	hattest	ihr	hattet
er/sie/es	hatte	sie	hatten
Sie	hatten	Sie	hatten

Modal verbs in the imperfect tense
Modal verbs are also frequently used in the imperfect in spoken German, e.g. *können*.

können

ich	konnte	wir	konnten
du	konntest	ihr	konntet
er/sie/es	konnte	sie	konnten
Sie	konnten	Sie	konnten

Pluperfect tense
The pluperfect expresses something that had happened (often before another event in the past).

To form the pluperfect tense, use the imperfect tense of *haben* or *sein* together with the relevant past participle.

The same rules about whether to use *haben* or *sein* apply as in the perfect tense.

ich	hatte gegessen	wir	hatten gegessen
du	hattest gegessen	ihr	hattet gegessen
er/sie/es	hatte gegessen	sie	hatten gegessen
Sie	hatten gegessen	Sie	hatten gegessen

ich	war gekommen	wir	waren gekommen
du	warst gekommen	ihr	wart gekommen
er/sie/es	war gekommen	sie	waren gekommen
Sie	waren gekommen	Sie	waren gekommen

*Ich **hatte** meine Hausaufgaben schon **gemacht**, als mein Freund angerufen hat.*
I had already done my homework when my friend called.

Future tense

In German, as in English, the present tense is often used to express future ideas if a future time phrase is included, e.g.:

Ich fahre nächste Woche nach Berlin.
I'm going to Berlin next week.

To form the future tense, use the correct form of the present tense of *werden* plus the infinitive of the relevant verb. This infinitive goes at the end of the sentence.

ich	*werde*	*wir*	*werden*
du	*wirst*	*ihr*	*werdet*
er/sie/es	*wird*	*sie*	*werden*
Sie	*werden*	*Sie*	*werden*

*Ich **werde** in einem Büro **arbeiten**.*
I shall/will work in an office.

*Er **wird** nächste Woche nach Berlin **fahren**.*
He will go to Berlin next week.

Conditional

The conditional expresses the idea of 'would'. It is used to talk about actions that depend on certain conditions being fulfilled. The easiest way to express what you 'would do' is to combine the appropriate form of *würde* with the relevant infinitive (which goes at the end of the sentence).

*ich **würde** mehr Rad **fahren*** (I would cycle more)
*du **würdest** in der Schweiz **wohnen***
*er/sie/es **würde** an der Uni **studieren***
*Sie **würden** an der Uni **studieren***
*wir **würden** mehr Rad **fahren***
*ihr **würdet** in der Schweiz **wohnen***
*sie **würden** an der Uni **studieren***
*Sie **würden** an der Uni **studieren***

There are a few verbs for which a special conditional form is always used instead of *würde* + infinitive. The endings are the same as with *würde* above.

*Ich **wäre** reich.*
I would be rich.

*Ich **hätte** ein großes Haus.*
I would have a large house.

*Ich **könnte** mit dem Rad fahren.*
I could travel by bike.

*Ich **möchte** im Ausland arbeiten.*
I would like to work abroad.

The conditional is often used with the subordinating conjunction *wenn* (if), e.g.:

***Wenn** ich viel Geld **hätte**, würde ich eine Weltreise machen.*
If I had lots of money, I would go on a world tour.

*Ich **würde** in Frankreich wohnen, **wenn** ich Französisch sprechen **könnte**.*
I would live in France if I could speak French.

Imperative

In German you use the imperative form of the verb when you want to give someone instructions or orders.

The imperative of the polite form *Sie* is the same as the present tense, but you place the *Sie* after the verb, e.g.:

Gehen Sie geradeaus.
Go straight on.

Nehmen Sie die zweite Straße links.
Take the second road on the left.

To make the imperative of the *du* form take off the *-(e)st* of the present tense.

Gehen – du gehst – geh geradeaus.
Nehmen – du nimmst – nimm die erste Straße rechts.

Um...zu

If you want to say 'in order to...', you use the construction *um...zu* plus the infinitive at the end of the clause. There is a comma before *um*.

*Ich fahre nach Zürich, **um** meine Großmutter **zu** besuchen.*

Seit

Seit means 'for' or 'since' and it is usually used with the present tense in German.

*Ich **wohne** hier **seit** 2004.*
I have lived here since 2004.

*Ich **lerne** Deutsch **seit** 3 Jahren.*
I have been learning German for 3 years.

(Remember that *seit* is always followed by the dative case.)

Gern

Gern is not a verb and therefore does not change. It is used together with a verb to indicate that you like doing something.

Grammatik

*Ich sehe **gern** fern.*
I like watching television.

*Er arbeitet **gern** im Büro.*
He likes working in the office.

If you want to say that you do not like doing something, you use *nicht gern*.

*Ich gehe **nicht gern** ins Kino.*
I don't like going to the cinema.

Word order

Main clauses

In German the verb must always be the **second idea** in the clause or sentence.

*Wir **fahren** am Mittwoch in die Stadt.*

Sometimes you might want to stress a particular piece of information by putting it at the beginning of the sentence, but the verb must always be the second idea (not necessarily the second word, but the second *concept*).

*Am Mittwoch **fahren** wir in die Stadt.*

This leads to inversion of the subject (*wir*) and verb (*fahren*).

Time, manner, place

When you mention when (time), how (manner) and where (place) you do something in a sentence, the order they take is:

time, **manner**, place
*Wir fahren am Mittwoch **mit dem Bus** in die Stadt.*

Even if there are only two types of this information in the sentence, the word order still follows this pattern:

Wir fahren am Mittwoch in die Stadt.
*Wir fahren **mit dem Bus** in die Stadt.*

Coordinating conjunctions

You can join sentences together by using linking words (**conjunctions**). The coordinating conjunctions *aber, sondern, und* and *oder* do not change the word order.

Ich spiele Fußball. Ich sehe fern.
*Ich spiele Fußball **und** ich sehe fern.*

Er hat eine Schwester. Er hat keinen Bruder.
*Er hat eine Schwester **aber** er hat keinen Bruder.*

Subordinating conjunctions

Subordinating conjunctions introduce subordinate clauses. A subordinate clause does not make sense on its own and so cannot stand alone; it needs a main clause. Subordinating conjunctions send the verb to the end of the sentence they introduce. Common subordinating conjunctions include:

dass (that), *weil* (because), *wenn* (when, if), *damit* (so that), *als* (when, in past actions), *obwohl* (although), *ob* (whether), *bevor* (before), *nachdem* (after), *während* (while), *seitdem* (since)

*Er hat gewusst, **dass** Drogen illegal sind.*
*Er bleibt zu Hause, **weil** er krank ist.*
*Ich fahre morgen an die Küste, **wenn** das Wetter schön ist.*
*Sie spart ihr Taschengeld, **damit** sie ein neues Fahrrad kaufen kann.*
*Wir sind ins Restaurant gegangen, **als** er Geburtstag hatte.*
*Wir sind spazieren gegangen, **obwohl** es geregnet hat.*

You can place the subordinate clause before the main clause. In this case the subordinate clause is the first idea and the verb in the main clause must be the second idea.

***Wenn** das Wetter schön ist, fahre ich morgen an die Küste.*

Questions

Inversion

You can ask a question by putting the verb first and the subject second.

***Gehst** du am Samstag ins Kino?*
Are you going to the cinema on Saturday?

***Hat** er viele Hausaufgaben?*
Has he got a lot of homework? (does he have...?)

Question words

You can also ask a question by starting the sentence with a question word or an interrogative. Most question words in German begin with *w*:

Wer?	Who?
Wo?	Where?
Wann?	When?
Was?	What?
Wie?	How?
Warum?	Why?
Um wie viel Uhr?	(At) what time?

All these question words can be followed immediately by a verb:

> *Wo **wohnst** du?*
> Where do you live?

> *Warum **machst** du das?*
> Why are you doing that?

> *Wann **beginnt** der Film?*
> When does the film start?

Some questions words such as *welcher* and *wie viel* tend to be followed immediately by a noun:

> *Welches **Kleid** kaufst du?*
> Which dress are you buying?

> *Wie viel **Taschengeld** bekommst du?*
> How much pocket money do you get?

Negatives

Nicht

Nicht means 'not' and tends to stand directly after the verb.

> *Ich gehe **nicht** ins Kino.*
> I'm not going to the cinema.

> *Mein Bruder ist **nicht** freundlich.*
> My brother is not friendly.

Kein

Kein means 'no', 'not a' or 'not any' and is followed by a noun.

> *Ich bin Vegetarierin und ich esse **kein Fleisch**.*
> I am a vegetarian and I do not eat meat.

> *Er hat **kein Geld**.*
> He has not got any money.

Nichts

Nichts means 'nothing' or 'not anything'. If you add *gar* or *überhaupt* in front of *nichts*, it means 'nothing at all'.

> *Er hat **gar nichts** gemacht.*
> He did nothing at all.

Numbers

Cardinal numbers

1	*eins*	21	*einundzwanzig*
2	*zwei*	22	*zweiundzwanzig*
3	*drei*	23	*dreiundzwanzig*

4	*vier*	24	*vierundzwanzig*
5	*fünf*	25	*fünfundzwanzig*
6	*sechs*		
7	*sieben*	30	*dreißig*
8	*acht*	40	*vierzig*
9	*neun*	50	*fünfzig*
10	*zehn*	60	*sechzig*
11	*elf*	70	*siebzig*
12	*zwölf*	80	*achtzig*
13	*dreizehn*	90	*neunzig*
14	*vierzehn*	100	*hundert*
15	*fünfzehn*		
16	*sechzehn*	200	*zweihundert*
17	*siebzehn*	300	*dreihundert*
18	*achtzehn*	1000	*tausend*
19	*neunzehn*	2000	*zweitausend*
20	*zwanzig*	3500	*dreitausendfünfhundert*

When giving dates:
- 1993 is expressed as *neunzehnhundertdreiundneunzig*.
- 1995 is expressed as *neunzehnhundertfünfundneunzig*.
- 2008 is expressed as *zweitausendacht*.

Ordinal numbers

Up to 19th

To make ordinal numbers (first, second, third, fourth etc.) up to 19th you simply add *-te* to the cardinal number, e.g. *fünfte, elfte, siebzehnte*.

There are a few exceptions:

erste	first
dritte	third
siebte	seventh
achte	eighth

From 20th upwards

To make ordinal numbers from 20th upwards, you must add *-ste* to the cardinal number:

> *zwanzigste* (20th), *einunddreißigste* (31st), *hundertste* (100th)

When giving dates, if you need to use *am*, you must add *-n* to the ordinal number since *am* takes the dative case.

> *Ich habe am vierundzwanzigsten Juni Geburtstag.*
> My birthday is on 24 June.

> *Heute ist Dienstag, der fünfte Dezember.*
> Today is Tuesday 5 December.

> *Nehmen Sie die dritte Straße links.*
> Take the third street on the left.

Grammatik

Verb table

* denotes verbs that take *sein* in the perfect and pluperfect tenses

Infinitive	Present	Imperfect	Perfect	English
beginnen	*beginnt*	*begann*	*begonnen*	to begin
bieten	*bietet*	*bot*	*geboten*	to offer
bleiben*	*bleibt*	*blieb*	*geblieben*	to stay
brechen	*bricht*	*brach*	*gebrochen*	to break
bringen	*bringt*	*brachte*	*gebracht*	to bring
denken	*denkt*	*dachte*	*gedacht*	to think
dürfen	*darf*	*durfte*	*gedurft*	to be allowed to
essen	*isst*	*aß*	*gegessen*	to eat
fahren*	*fährt*	*fuhr*	*gefahren*	to go/travel
fallen*	*fällt*	*fiel*	*gefallen*	to fall
fangen	*fängt*	*fing*	*gefangen*	to catch
finden	*findet*	*fand*	*gefunden*	to find
fliegen*	*fliegt*	*flog*	*geflogen*	to fly
geben	*gibt*	*gab*	*gegeben*	to give
gehen*	*geht*	*ging*	*gegangen*	to go
genießen	*genießt*	*genoss*	*genossen*	to enjoy
gewinnen	*gewinnt*	*gewann*	*gewonnen*	to win
haben	*hat*	*hatte*	*gehabt*	to have
halten	*hält*	*hielt*	*gehalten*	to stop/hold
hängen	*hängt*	*hing*	*gehangen*	to hang
helfen	*hilft*	*half*	*geholfen*	to help
kennen	*kennt*	*kannte*	*gekannt*	to know
kommen*	*kommt*	*kam*	*gekommen*	to come
können	*kann*	*konnte*	*gekonnt*	to be able to
lassen	*lässt*	*ließ*	*gelassen*	to leave/allow
laufen*	*läuft*	*lief*	*gelaufen*	to run
leiden	*leidet*	*litt*	*gelitten*	to suffer
lesen	*liest*	*las*	*gelesen*	to read
liegen	*liegt*	*lag*	*gelegen*	to lie
mögen	*mag*	*mochte*	*gemocht*	to like
müssen	*muss*	*musste*	*gemusst*	to have to

Infinitive	Present	Imperfect	Perfect	English
nehmen	nimmt	nahm	genommen	to take
reiten*	reitet	ritt	geritten	to ride
rennen*	rennt	rannte	gerannt	to run
rufen	ruft	rief	gerufen	to call
scheinen	scheint	schien	geschienen	to shine
schlafen	schläft	schlief	geschlafen	to sleep
schließen	schließt	schloss	geschlossen	to shut
schneiden	schneidet	schnitt	geschnitten	to cut
schreiben	schreibt	schrieb	geschrieben	to write
schwimmen*	schwimmt	schwamm	geschwommen	to swim
sehen	sieht	sah	gesehen	to see
sein*	ist	war	gewesen	to be
singen	singt	sang	gesungen	to sing
sitzen	sitzt	saß	gesessen	to sit
sollen	soll	sollte	gesollt	ought to
sprechen	spricht	sprach	gesprochen	to speak
stehen	steht	stand	gestanden	to stand
stehlen	stiehlt	stahl	gestohlen	to steal
steigen*	steigt	stieg	gestiegen	to climb
sterben*	stirbt	starb	gestorben	to die
tragen	trägt	trug	getragen	to carry/wear
treffen	trifft	traf	getroffen	to meet
trinken	trinkt	trank	getrunken	to drink
tun	tut	tat	getan	to do
vergessen	vergisst	vergaß	vergessen	to forget
verlieren	verliert	verlor	verloren	to forget
waschen	wäscht	wusch	gewaschen	to wash
werden*	wird	wurde	geworden	to become
werfen	wirft	warf	geworfen	to throw
wissen	weiß	wußte	gewußt	to know
ziehen	zieht	zog	gezogen	to pull

Vokabular

(*sep.*) indicates a separable verb.

A

der **Abend** (-e)	evening
das **Abendessen**	supper
abends	in the evening
der **Abenteuerfilm** (-e)	adventure film
aber	but
abfahren	to leave/depart (*sep.*)
die **Abfahrt**	departure
der **Abfahrtslauf**	downhill skiing
der **Abfall** (¨-e)	rubbish
der **Abfallberg** (-e)	mountain of rubbish
die **Abgrenzung** (-en)	limitation
das **Abifach** (¨-er)	A-level subject
das **Abitur**	A-levels
der **Abiturient** (-en)	A-level candidate
die **Abiturprüfung** (-en)	A-level exam
abnehmen	to lose weight (*sep.*)
die **Absicht**	intention
abwaschen	to wash up (*sep.*)
abwechslungsreich	varied
die **Achtung**	attention
ähnlich	similar
aktiv	active
die **Aktivität** (-en)	activity
allein	alone
allerdings	though, mind you
allerlei	all sorts of things
allgemein	general
allzu	too
als	when; than (comparative)
also	so
alt	old
das **Altenheim** (-e)	old people's home
das **Alter** (-)	age
das **Altglas**	recyclable glass
altmodisch	old-fashioned
das **Altpapier**	recyclable paper
die **Ampel** (-n)	traffic light
sich **amüsieren**	to amuse oneself, to have fun
die **Ananas** (-)	pineapple
anbieten	to offer (*sep.*)
anbraten	to fry a little (*sep.*)
andere	other
ändern	to change

anders	different
anfangen	to start (*sep.*)
anfangs	at the beginning
der **Anführer** (-)	ringleader
angeln	to fish
der/die **Angestellte** (-n)	employee
ankommen	to arrive (*sep.*)
ankreuzen	to mark with a cross/tick (*sep.*)
die **Ankunft** (¨-e)	arrival
der **Anleger** (-)	pier
anprobieren	to try on (*sep.*)
anrichten	to prepare, to lay out (*sep.*)
der **Anruf** (-e)	phone call
anrufen	to phone (*sep.*)
anschauen	to watch (*sep.*)
anschließend	afterwards
ansehen	to look at (*sep.*)
anstatt	instead of
anstrengend	exhausting
die **Antwort** (-en)	answer
die **Anzeige** (-n)	advertisement
(sich) **anziehen**	to get dressed (*sep.*)
der **Apfel** (¨)	apple
der **Apfelkuchen** (-)	apple cake
der **Apfelsaft**	apple juice
die **Apfelsine** (-n)	orange
die **Apotheke** (-n)	chemist
der **Apotheker** (-)	pharmacist
das **Aquarium** (Aquarien)	aquarium
die **Arbeit** (-en)	work
arbeiten	to work
die **Arbeitserfahrung**	work experience
die **Arbeitsgemeinschaft**	after-school club
der **Arbeitskollege** (-n)	work colleague
arbeitslos	unemployed
der/die **Arbeitslose** (-n)	unemployed person
die **Arbeitslosigkeit**	unemployment
der **Arbeitsplatz** (¨-e)	place of work
das **Arbeitspraktikum**	work placement
die **Arbeitsstelle** (-n)	work position
der **Arbeitstag** (-e)	working day
ärgerlich	angry
sich **ärgern über**	to be angry about
arm	poor
die **Armbanduhr** (-en)	watch

die **Art (-en)**	kind	
der **Arzt ("-e)**	doctor	
die **Atomenergie**	nuclear energy	
auch	also	
aufbleiben	to stay up late (*sep.*)	
der **Aufenthalt**	stay	
die **Aufgabe (-n)**	task	
aufheben	to keep (*sep.*)	
die **Aufheiterung (-en)**	cheering up, bright spell	
aufhören	to stop (*sep.*)	
aufmachen	to open (*sep.*)	
aufnehmen	to record (music) (*sep.*)	
aufräumen	to tidy up (*sep.*)	
aufregend	exciting	
aufschreiben	to write down (*sep.*)	
aufstehen	to get up (*sep.*)	
aufteilen	to share out (*sep.*)	
auftreten	to arise (problem) (*sep.*)	
der **Auftritt (-e)**	appearance (theatre)	
aufwachen	to wake up (*sep.*)	
aufwärmen	to heat up (*sep.*)	
der **Aufzug ("-e)**	lift	
das **Auge (-n)**	eye	
die **Augentropfen**	eye drops	
die **Aula**	school hall	
ausbilden	to train (*sep.*)	
die **Ausbildung (-en)**	education, training	
der **Ausdruck ("-e)**	expression	
ausdrücken	to express (*sep.*)	
der **Ausflug ("-e)**	excursion	
die **Ausflugsmöglichkeit (-en)**	excursion options	
ausfüllen	to fill out (*sep.*)	
ausgeben	to spend (money) (*sep.*)	
ausgezeichnet	excellent	
die **Auskunft ("-e)**	information	
auslachen	to laugh at someone (*sep.*)	
das **Ausland**	countries abroad	
ausmachen	to arrange (*sep.*)	
die **Aussage (-n)**	statement	
ausschalten	to switch off (*sep.*)	
ausschlafen	to have a lie in (*sep.*)	
aussehen	to look like (*sep.*)	
außer	except	
außerdem	apart from that	
außerhalb	outside	
die **Aussicht (-en)**	view	

die **Ausstattung**	furnishings	
aussteigen	to get off (*sep.*)	
austragen	to deliver (newspapers etc.) (*sep.*)	
die **Auswahl**	choice	
auswählen	to choose (*sep.*)	
(sich) **ausziehen**	to get undressed, to move out (*sep.*)	
der/die **Auszubildende**	trainee	
das **Auto (-s)**	car	
die **Autoabgase**	exhaust fumes	
die **Autobahn (-en)**	motorway	
der **Automechaniker**	car mechanic	
die **Autowerkstatt**	repair garage	

backen	to bake	
der **Bäcker (-)**	baker	
die **Bäckerei (-en)**	bakery	
das **Bad ("-er)**	bathroom, bath	
baden	to have a bath	
das **Badezimmer (-)**	bathroom	
die **Bahn (-en)**	train	
die **Bahnfahrt (-en)**	train journey	
der **Bahnhof ("-e)**	station	
bald	soon	
der **Ballaststoff (-e)**	dietary fibre	
die **Bankkauffrau (-en)**	qualified bank clerk (female)	
der **Bankkaufmann ("-er)**	qualified bank clerk (male)	
bar	with cash	
das **Bargeld**	cash	
basteln	to do handicrafts	
der **Bauarbeiter (-)**	building worker	
bauen	to build	
das **Bauernhaus ("-er)**	farmhouse	
der **Bauernhof ("-e)**	farm	
der **Baum ("-e)**	tree	
die **Baumwolle**	cotton	
beabsichtigen	to intend	
beantworten	to answer	
der **Becher (-)**	mug	
bedanken	to thank	
bedeckt	overcast	
bedeuten	to mean	

Vokabular

	bedienen	to serve
die	Bedienung	service
sich	befinden	to be situated
	begabt	gifted
	begründen	to give reasons for
	begrüßen	to greet
	behalten	to keep
	behandeln	to treat
	beide	both
das	Bein (-e)	leg
das	Beispiel (-e)	example
der	Beitrag (¨-e)	contribution
	bekannt	well-known
der/die	Bekannte (-n)	acquaintance
	bekommen	to receive, to get
	belastbar	resilient
	benutzen	to use
	bequem	comfortable
	beraten	to advise
der	Bereich (-e)	region, area, sphere
der	Berg (-e)	mountain
der	Bericht (-e)	report
der	Beruf (-e)	job, profession
die	Berufsausbildung (-en)	professional training
die	Berufsschule	vocational school, technical college
	berühmt	famous
die	Beschäftigung (-en)	occupation
	Bescheid sagen	to inform
die	Bescherung	giving out of Christmas presents
	beschließen	to decide
	beschreiben	to describe
die	Beschreibung (-en)	description
sich	beschweren über	to complain about
	beseitigen	to remove
	besetzt	occupied
	besichtigen	to visit (a sight)
	besitzen	to own
	besondere	special
	besonders	especially
	besorgen	to get something
das	Besteck	cutlery
	bestehlen	to steal something from somebody
	bestellen	to order

die	Bestellung (-en)	order
	bestimmen	to determine
	bestimmt	definitely
	bestrafen	to punish
der	Besuch (-e)	visit
	besuchen	to visit
	betreffen	to concern
das	Betriebspraktikum	work placement
	bevor	before
	bewegen	to move (body)
die	Bewegung (-en)	movement
sich	bewerben um	to apply for
der	Bewerber (-)	applicant
der	Bewerbungsbrief (-e)	letter of application
das	Bewerbungsformular (-)	application form
	bewölkt	cloudy
	bezahlen	to pay
die	Bibliothek (-en)	library
	bieten	to offer
das	Bild (-er)	picture
die	Bioabfalltonne (-en)	bin for vegetable rubbish
	bis	until
	bisher	up to now
ein	bisschen	a little
	bitten	to ask (a favour)
	bleiben	to stay
der	Blick	view
	blitzen	to flash (lightning)
die	Blockflöte (-n)	recorder
	blöd	stupid
	bloß	mere
die	Blume (-n)	flower
das	Blumenbeet (-e)	flowerbed
der	Blumenkohl (-)	cauliflower
die	Bluse (-n)	blouse, shirt
der	Boden	ground
das	Boot (-e)	boat
	böse	angry
die	Bratwurst (¨-e)	fried sausage
	brauchen	to need
	brav	well-behaved
	breit	wide
	brennen	to burn
der	Brief (-e)	letter
der	Brieffreund (-e)	male pen friend
die	Brieffreundin (-nen)	female pen friend

der **Briefkasten** (¨)	letter box
die **Briefmarke** (-n)	stamp
der **Briefträger** (-)	postman
die **Brille** (-n)	spectacles
bringen	to bring, to take
der **Brite** (-n)	British person
das **Brot** (-e)	bread
das **Brötchen** (-)	roll
die **Brücke** (-n)	bridge
der **Bruder** (¨)	brother
der **Brunnen** (-)	well, fountain
die **Brust** (¨-e)	breast, chest
das **Buch** (¨-er)	book
buchen	to book
der **Buchgutschein** (-e)	book token
die **Buchhandlung** (-en)	bookshop
der **Buchladen** (¨)	bookshop
der **Buchstabe** (-n)	letter of the alphabet
die **Bühne** (-n)	stage
das **Bundesland** (¨-er)	federal state in Germany
die **Bundesregierung**	federal government in Germany
die **Bundesrepublik**	federal republic
die **Bundeswehr**	federal army in Germany
bunt	colourful
der **Busbahnhof** (¨-e)	bus station
die **Bushaltestelle** (-n)	bus stop
die **Busverbindung** (-en)	bus connections
das **Butterbrot** (-e)	sandwich

C

der **Campingplatz** (¨-e)	campsite
die **Champignonsuppe** (-n)	mushroom soup
die **Charaktereigenschaft** (-en)	character trait
die **Chemikalie** (-n)	chemical
der **Cousin** (-s)	male cousin

D

damit	so that
danach	afterwards
dauern	to last
der **Daumen** (-)	thumb

dazugeben	to add (*sep.*)
den Tisch decken	to lay (the table)
denken	to think
das **Denkmal** (¨-er)	monument
deshalb/deswegen	that is why
dick	fat
der **Dieb** (-e)	thief
das **Ding** (-e)	thing, item
doch	but still, anyway
der **Dolmetscher** (-)	interpreter
der **Dom** (-e)	cathedral
der **Donner**	thunder
donnern	to thunder
das **Doppelhaus** (¨-er)	semidetached house
die **Doppelstunde** (-n)	double lesson
das **Doppelzimmer** (-)	double room
das **Dorf** (¨-er)	village
die **Dose** (-n)	can
draußen	outside
drehen	to turn
der **Drogenhandel**	drug trade
das **Drogenopfer**	drug victim
drucken	to print
drücken	to push
dunkel	dark
der **Durchfall**	diarrhoea
durchführen	to implement, to enforce (*sep.*)
dürfen	to be allowed to
der **Durst**	thirst
duschen	to take a shower

E

echt	genuine
die **Ecke** (-n)	corner
egal (Das ist egal)	that does not matter
ehrgeizig	ambitious
ehrlich	honest
das **Ei** (-er)	egg
eigen	own
die **Eigenschaft** (-en)	attribute
eigentlich	really, actually
der **Einblick** (-e)	insight
eineiig	identical (twins)
einfach	simple

Vokabular

das **Einfamilienhaus** ("-er)	detached house	
der **Eingang** ("-e)	entrance	
die **Einheit**	unity	
sich **einigen**	to agree	
einkaufen	to go shopping (*sep.*)	
die **Einkaufsliste** (-n)	shopping list	
einladen	to invite (*sep.*)	
die **Einladung** (-en)	invitation	
einmalig	unique, fantastic	
die **Einrichtung**	furnishings, arrangement	
einsam	lonely	
einschlafen	to go to sleep (*sep.*)	
einsteigen	to get in (*sep.*)	
der **Eintritt**	entrance	
die **Einwegflasche** (-n)	non-deposit bottle	
der **Einwohner** (-)	inhabitant	
die **Einzelkarte** (-n)	single ticket	
das **Einzelkind** (-er)	only child	
das **Einzelzimmer** (-)	single room	
die **Eisbahn** (-en)	ice rink	
die **Eisdiele** (-n)	ice-cream parlour	
die **Eisenbahnlinie** (-n)	railway line	
die **Eishalle** (-n)	indoor ice-skating rink	
eiskalt	very cold	
ekelhaft	disgusting	
die **Eltern**	parents	
der **Elternabend** (-e)	parents' evening	
endlich	at last	
eng	tight, narrow	
engagiert	active	
der **Engel** (-)	angel	
entdecken	to discover	
enthalten	to contain	
entlang	along	
sich **entschuldigen**	to apologise	
Entschuldigung!	I am sorry, excuse me	
(sich) **entspannen**	to relax	
entspannend	relaxing	
die **Entspannung**	relaxation	
entsprechen	to correspond to	
entstehen	to arise, to develop	
entweder...oder	either...or	
entwickeln	to develop	
die **Entwicklung** (-en)	development	
(sich) **erbrechen**	to vomit	
die **Erdbeere** (-n)	strawberry	

die **Erde**	Earth, the Earth	
die **Erdkunde**	geography	
erfahren	to learn, to hear about	
die **Erfahrung** (-en)	experience	
das **Ergebnis** (-se)	result	
erhältlich	obtainable	
sich **erholen**	to recover	
sich **erinnern**	to remember	
erklären	to explain	
erledigen	to take care of, to carry out	
erlernen	to learn, to hear about	
die **Ermäßigung** (-en)	reduction	
ermüdend	tiring	
die **Ernährung**	diet, nutrition	
erreichbar	reachable, obtainable	
erreichen	to reach	
erschrecken	to frighten	
erstklassig	first class	
der/die **Erwachsene** (-n)	adult	
erwähnen	to mention	
erwarten	to expect	
erzählen	to tell	
die **Erziehung**	upbringing, education	
die **Essecke** (-n)	dining corner	
essen	to eat	
die **Etage** (-n)	floor	
etwa	approximately	
etwas	something	
eventuell	perhaps	

F

fabelhaft	splendid	
die **Fabrik** (-en)	factory	
das **Fach** ("-er)	subject	
die **Fachzeitschrift** (-en)	specialist journal	
die **Fähre** (-n)	ferry	
fahren	to drive	
die **Fahrkarte** (-n)	ticket	
der **Fahrkartenautomat** (-en)	ticket machine	
der **Fahrkartenschalter** (-)	ticket office	
das **Fahrrad** ("-er)	bicycle	
die **Fahrradvermietung** (-en)	bicycle hire	
der **Fall** ("-e)	case	
falls	in case	

der	**Familienname (-n)**	surname
die	**Farbe (-n)**	colour
der	**Fasching**	carnival
	fast	nearly
die	**Fastenzeit**	Lent
die	**Fastnacht**	carnival
	faul	lazy
	faulenzen	to be lazy
der	**Fehler (-)**	mistake
	feiern	to celebrate
der	**Feiertag (-e)**	public holiday
das	**Feld (-er)**	field
das	**Fenster (-)**	window
die	**Ferien**	holidays
das	**Ferienhaus (¨-er)**	holiday house
	fernsehen	to watch television (*sep.*)
der	**Fernseher (-)**	television set
der	**Fernsehturm (¨-e)**	television tower
	fertig	ready
das	**Fest (-e)**	celebration
	feststellen	to notice (*sep.*)
das	**Fett (-e)**	fat
	fettarm	reduced fat
	fettig	fatty
die	**Fettleibigkeit**	obesity
das	**Feuerwerk**	fireworks
das	**Fieber**	fever, high temperature
die	**Firma (Firmen)**	company, firm
das	**Flachland**	lowland, plains
die	**Flamme (-n)**	flame
die	**Flasche (-n)**	bottle
das	**Fleisch**	meat
der	**Fleischer (-)**	butcher
die	**Fleischwaren**	meat products
	fleißig	hard-working
	fliegen	to fly
	fliehen	to flee
	fließend	fluently
der	**Flug (¨-e)**	flight
der	**Flughafen (¨)**	airport
das	**Flugzeug (-e)**	aeroplane
der	**Fluss (¨-e)**	river
die	**Flüssigkeit (-en)**	liquid
die	**Folge (-n)**	consequence
	folgende	the following
das	**Formular (-e)**	form (to fill in)

die	**Foto-AG**	after-school photo club
die	**Frage (-n)**	question
	fragen	to ask
das	**Fragewort (¨-er)**	question word
	frech	cheeky
das	**Freibad (¨-er)**	outdoor swimming pool
die	**Freiheit (-en)**	freedom
	freiwillig	voluntary
die	**Freizeit**	leisure time
die	**Freizeitmöglichkeit (-en)**	leisure opportunities
die	**Fremdsprache (-n)**	foreign language
	fressen	to eat (use for animals eating only)
sich	**freuen auf**	to look forward to
sich	**freuen über**	to be delighted with
der	**Freund (-e)**	male friend
die	**Freundin (-nen)**	female friend
	freundlich	friendly
	friedlich	peaceful
der	**Frisör (-e)**	hairdresser
	froh	happy
der	**Früchtetee (-s)**	fruit tea
	früh	early
der	**Frühling (-e)**	spring
die	**Frühlingsrolle (-n)**	Chinese spring roll
die	**Frühschicht (-en)**	early shift
das	**Frühstück**	breakfast
	frühstücken	to have breakfast
der	**Frühstücksraum (¨-e)**	breakfast room
	fühlen	to feel
	führen	to lead
	füllen	to fill
die	**Füllung (-en)**	filling
das	**Fundbüro (-s)**	lost property office
	furchtbar	terrible
der	**Fuß (¨-e)**	foot
die	**Fußballmannschaft (-en)**	football team
das	**Fußballspiel (-e)**	football match
die	**Fußgängerzone (-n)**	pedestrian precinct

G

die	**Gabel (-n)**	fork
	ganz	completely
	gar	cooked through

Vokabular

	gar kein	none at all		gering	slight
der	Garten (¨)	garden		gern	with pleasure
der	Gärtner (-)	gardener	die	Gesamtschule (-n)	comprehensive school
der	Gast (¨-e)	guest	das	Geschäft (-e)	shop
die	Gastfamilie (-n)	host family	die	Geschäftsfrau (-en)	businesswoman
das	Gebäude (-)	building	der	Geschäftsmann (¨-er)	businessman
	geben	to give	das	Geschenk (-e)	present
	geboren	born	die	Geschichte (-n)	story, history
der	Gebrauch	use		geschickt	skilful
das	Geburtsdatum (-daten)	date of birth		geschieden	divorced
der	Geburtstag (-e)	birthday	der	Geschirrspüler (-)	dishwasher
die	Geduld	patience		geschlossen	closed
	geduldig	patient	der	Geschmack	taste
	geeignet	suitable	die	Geschwister	brothers and sisters
die	Gefahr (-en)	danger	die	Gesellschaft (-en)	society, corporation
	gefährden	to endanger	das	Gesetz (-e)	law
	gefährlich	dangerous		gesetzlich	legally
	gefallen	to like		gespannt	excited
das	Gefängnis (-se)	prison	das	Gespräch (-e)	conversation
	gefärbt	dyed		gestern	yesterday
	gegen	against		gestreift	striped
die	Gegend	area		gestresst	stressed
das	Gegenteil (-e)	opposite		gesund	healthy
	gegenüber	opposite (preposition)	die	Gesundheit	health
	gehen	to go		gesüßt	sweetened
	gehören	to belong to	das	Getränk (-e)	drink
die	Geige (-n)	violin		getrennt	separate(ly)
	geil	cool	das	Gewitter (-)	thunderstorm
	gelaunt, gut/schlecht gelaunt		die	Gewohnheit (-en)	habit
		good-/bad-tempered		giftig	poisonous
	gelb	yellow	das	Glas (¨-er)	glass
das	Geld (-er)	money		glatt	straight
der	Geldautomat (-en)	cashpoint		glauben	to think
der	Geldbeutel (-)	purse		gleich	equal, soon
	gemischt	mixed		gleichen	to be like somebody
das	Gemüse	vegetables			or something
die	Gemüsesuppe (-n)	vegetable soup	das	Gleis (-e)	platform
	gemütlich	cosy	das	Glück	luck, happiness
	genau	exact(ly)		glücklich	happy
	genießen	to enjoy		greifen	to grab, to take hold of
	genug	enough	die	Grenzkontrolle (-n)	border control
	geöffnet	open	die	Grippe	flu
das	Gepäck	luggage		groß	big
	gerade	just	die	Größe (-n)	height, size
	geradeaus	straight on	die	Großeltern	grandparents
das	Geräusch (-e)	noise	die	Großmutter (¨)	grandmother

die	**Großstadt** ("-e)	city
der	**Großvater** (")	grandfather
	grün	green
der	**Grund** ("-e)	reason
der	**Grundkurs** (-e)	minor subject
die	**Gruppe** (-n)	group
der	**Gruselfilm** (-e)	horror film
der	**Gruß** ("-e)	greeting
	gucken	to look
	günstig	favourable, convenient
	gut schmecken	to taste good
	Gute Besserung!	Get well soon!
das	**Gymnasium (Gymnasien)**	grammar school

H

das	**Haar** (-e)	hair
die	**Hafenrundfahrt** (-en)	harbour trip
	halb	half
der	**Halbbruder** (")	half-brother
die	**Halbpension**	half-board
die	**Halbschwester** (-n)	half-sister
	halbtags	half-day (morning or afternoon), part-time
die	**Hälfte** (-n)	half
das	**Hallenbad** ("-er)	indoor swimming pool
der	**Hals** ("-e)	neck
die	**Halsschmerzen**	sore throat
	halten	to stop
die	**Haltestelle** (-n)	bus/tram stop
die	**Hand** ("-e)	hand
der	**Handschuh** (-e)	glove
das	**Handtuch** ("-er)	towel
das	**Handy** (-s)	mobile phone
	hängen	to hang
	hassen	to hate
	häufig	frequent(ly)
das	**Hauptgericht** (-e)	main course
	hauptsächlich	mainly
die	**Hauptschule** (-n)	secondary school
die	**Hauptstadt** ("-e)	capital city
die	**Hausaufgabe** (-n)	homework
der	**Haushalt** (-e)	household
das	**Haustier** (-e)	pet
das	**Heft** (-e)	exercise book

der	**Heiligabend**	Christmas Eve
der	**Heimatort** (-e)	home town
die	**Heimatstadt** ("-e)	home town
	heiß	hot
	heißen	to be called
die	**Heizung** (-en)	heating
	helfen	to help
der	**Helfer** (-)	helper
der	**Helm** (-e)	helmet
das	**Hemd** (-en)	shirt
	herrlich	marvellous
	herrschen	to rule, to dominate
	herum	(a)round
	herunter	down
das	**Herz** (-en)	heart
die	**Herzkrankheit** (-en)	heart disease
	heute	today
	hier	here
die	**Hilfe** (-n)	help
	hilfsbereit	ready to help
die	**Himbeere** (-n)	raspberry
der	**Himmel**	sky
	hinten	behind
	hinter	behind (*preposition*)
	hinterher	afterwards
	hinzu	besides
die	**Hitze**	heat
das	**Hobby** (-s)	hobby
	hoch	high
das	**Hochhaus** ("-er)	skyscraper, high-rise building
das	**Hochland**	highland
die	**Hochschule** (-n)	university
die	**Höchsttemperatur** (-en)	maximum temperature
die	**Hochzeit** (-en)	wedding
	hoffen	to hope
	hoffentlich	hopefully
	höflich	polite
	holen	to collect
	hören	to hear
die	**Horrorgeschichte** (-n)	horror story
die	**Hose** (-n)	trousers
	hügelig	hilly
	humorvoll	humorous, amusing
der	**Hund** (-e)	dog
der	**Husten**	cough

Vokabular

der	**Hustensaft** (¨-e)	cough mixture
der	**Hut** (¨-e)	hat
die	**Hütte** (-n)	hut

I

die	**Idee** (-n)	idea
der	**Imbiss** (-e)	snack
die	**Imbissstube** (-n)	snack bar
	im Freien	outdoors
	immer	always
die	**Industriestadt** (¨-e)	industrial town
die	**Informatik**	information technology (IT)
der	**Informatiker** (-)	computer scientist
der	**Ingenieur** (-e)	engineer
die	**Innenstadt** (¨-e)	town centre
	innerhalb	within
die	**Insel** (-n)	island
	insgesamt	altogether, all in all
	interessant	interesting
das	**Interesse** (-n)	interest
sich	**interessieren für**	to be interested in
	irgendwo	somewhere
	isoliert	isolated

J

die	**Jacke** (-n)	jacket
das	**Jahr** (-e)	year
die	**Jahreszeit** (-en)	season
	jederzeit	at any time
	jemand	somebody
	jetzt	now
	jeweils	at a time, each time
	joggen	to jog
die	**Jugend**	youth
die	**Jugendgruppe** (-n)	youth group
die	**Jugendherberge** (-n)	youth hostel
der	**Jugendklub** (-s)	youth club
die	**Jugendkriminalität**	youth crime
der/die	**Jugendliche** (-n)	young person
der	**Junge** (-n)	boy
	Juni	June
die	**Jutetasche** (-n)	jute bag

K

der	**Käfer** (-)	beetle
	kalt	cold
das	**Kaninchen** (-)	rabbit
die	**Kantine** (-n)	canteen
	kaputt	broken
das	**Karnevalskostüm** (-e)	carnival costume
der	**Karnevalszug** (¨-e)	carnival procession
die	**Karriere** (-n)	career
die	**Karte** (-n)	card, ticket
die	**Kartoffel** (-n)	potatoes
die	**Kartoffelchips**	crisps
das	**Karussell** (-s)	merry-go-round
der	**Käse**	cheese
die	**Kasse** (-n)	till
die	**Kassette** (-n)	cassette
der	**Kassierer** (-)	cashier
der	**Kasten** (¨)	box
die	**Katze** (-n)	cat
	kaufen	to buy
das	**Kaufhaus** (¨-er)	department store
	kaum	hardly
	kegeln	nine-pin bowling
der	**Keks** (-e)	biscuit
der	**Keller** (-)	cellar
der	**Kellner** (-)	waiter
	kennen	to know (somebody)
die	**Kerze** (-n)	candle
das	**Kind** (-er)	child
der	**Kindergarten** (¨)	kindergarten, nursery school
die	**Kindergärtnerin** (-nen)	kindergarten teacher
der	**Kinderspielplatz** (¨-e)	playground
	kippen	to tilt, to tip, to overturn
die	**Kirche** (-n)	church
die	**Kirchengemeinde** (-n)	congregation
der	**Kirschkuchen** (-)	cherry cake
die	**Klamotten**	clothes, gear
	klar	clear
	klasse	great, brilliant
die	**Klassenarbeit** (-en)	exam, test
die	**Klassenfahrt** (-en)	school trip
das	**Klassenzimmer** (-)	classroom
	klassisch	classical
das	**Klavier** (-e)	piano

der	**Klavierunterricht**	piano lessons
das	**Kleid (-er)**	dress
der	**Kleiderschrank (¨-e)**	wardrobe
die	**Kleidung**	clothes, gear
das	**Kleidungsgeschäft (-e)**	clothes shop
	klein	little
die	**Kleinstadt (¨-e)**	small town
	klettern	to climb
die	**Klimaerwärmung**	climatic temperature increase
die	**Kneipe (-n)**	pub, bar
das	**Knie (-)**	knee
der	**Koch (¨-e)**	chef
	kochen	to cook
der	**Koffer (-)**	suitcase
der	**Kohl**	cabbage
der	**Kollege (-n)**	colleague
	Köln	Cologne
	komisch	strange, funny
	kommen	to come
die	**Kommode (-n)**	chest of drawers
	komplett	complete
	kompliziert	complicated
der	**Komponist (-en)**	composer
der	**König (-e)**	king
die	**Konkurrenz**	competition
	können	to be able to
	konsumieren	to consume
der	**Kontakt (-e)**	contact
das	**Konto (-s)**	bank account
die	**Kontrolle (-n)**	control
	kontrollieren	to control, to check
sich	**konzentrieren (auf)**	to concentrate (on)
der	**Kopf (¨-e)**	head
die	**Kopfschmerzen**	headache
die	**Kopie (-n)**	copy
der	**Korb (¨-e)**	basket
der	**Körper (-)**	body
	körperlich	physical
die	**Körperverletzung**	physical injury
	korrigieren	to correct
	kosten	to cost
	kräftig	strong
das	**Kraftwerk (-e)**	power station
	krank	ill
das	**Krankenhaus (¨-er)**	hospital

der	**Krankenpfleger (-)**	male nurse
die	**Krankenschwester (-n)**	female nurse
die	**Krankheit (-en)**	illness
der	**Kräutertee (-s)**	herbal tea
die	**Kreditkarte (-n)**	credit card
die	**Kreuzung (-en)**	crossroads
der	**Krieg (-e)**	war
	kriegen	to get
der	**Krimi (-s)**	thriller
	kriminell	criminal
die	**Küche (-n)**	kitchen
der	**Kuchen (-)**	cake
die	**Kuh (¨-e)**	cow
	kühl	cool
sich	**kümmern um**	to look after
der	**Kunde (-n)**	customer
die	**Kunst (¨-e)**	art
die	**Kunstgalerie (-n)**	art gallery
der	**Künstler (-)**	artist
der	**Kunststoff (-e)**	plastic
	kurz	short
die	**Kusine (-n)**	female cousin
die	**Küste (-n)**	coast

L

der	**Laden (¨)**	shop
die	**Lage**	position
das	**Land (¨-er)**	country
	landen	to land
die	**Landschaft (-en)**	scenery, landscape, countryside
	lang	long
die	**Länge**	length
	langweilig	boring
	lassen	to let, to get something done
der	**Lauch**	leeks
	laufen	to walk, to run
	launisch	moody
	laut	loud
	leben	to live
das	**Leben**	life
die	**Lebensmittel**	provisions, food
das	**Lebensmittelgeschäft (-e)**	food shop

Vokabular

die **Leber**	liver	
	lecker	tasty
das **Leder**	leather	
	ledig	single
	leer	empty
	legen	to lay, to put
die **Lehre**	apprenticeship	
der **Lehrer (-)**	male teacher	
die **Lehrerin (-nen)**	female teacher	
das **Lehrerzimmer (-)**	staffroom	
der **Lehrling (-e)**	apprentice	
die **Lehrstelle (-n)**	trainee position	
	leicht	easy
die **Leichtathletik**	athletics	
	leid (es tut mir leid)	I am sorry
	leiden	to suffer
	leidenschaftlich	passionate
	leider	unfortunately
	leisten	to achieve
der **Leistungskurs (-e)**	major subject	
	lernen	to learn
	lesen	to read
die **Leseratte (-n)**	bookworm	
	letzte(r,s)	last
die **Leute**	people	
das **Licht (-er)**	light	
	lieb	kind
	Liebe(r)…	Dear…
	lieben	to love
der **Liebesroman (-e)**	romantic novel	
	Lieblings-	favourite
das **Lieblingsauto (-s)**	favourite car	
das **Lieblingsfach (¨-er)**	favourite subject	
das **Lieblingsgericht (-e)**	favourite meal	
die **Lieblingssendung (-en)**	favourite television programme	
das **Lied (-er)**	song	
	liegen	to lie
die **Linie (-n)**	line	
	links	left
die **Liste (-n)**	list	
das **Loch (¨-er)**	hole	
	lockig	curly
der **Löffel (-)**	spoon	
die **Lokalzeitung (-en)**	local newspaper	
	los (hier ist nichts los)	nothing happens here

	löschen	to extinguish, to delete
	lösen	to solve
der **Löwe (-n)**	lion	
die **Lücke (-n)**	gap	
die **Luft**	air	
	lüften	to air
die **Luftverschmutzung**	air pollution	
	Lust/ich habe (keine) Lust…	I fancy (don't fancy) doing something
	lustig	funny

M

das **Mädchen (-)**	girl	
das **Mädchengymnasium (-gymnasien)**	girls' grammar school	
der **Magen**	stomach	
die **Magenschmerzen**	stomach ache	
die **Mahlzeit (-en)**	meal	
	malen	to paint
	malerisch	picturesque
der **Malkurs (-e)**	painting course	
	man	one (you)
	manche(r,s)	a good many
	manchmal	sometimes
der **Mann (¨-er)**	men	
die **Mannschaft (-en)**	team	
der **Mantel (¨)**	coat	
der **Margarinebecher (-)**	margarine tub	
der **Markt (¨-e)**	market	
der **Marktplatz (¨-e)**	market square	
die **Marmelade (-n)**	jam	
	mäßig	moderate
die **Mathe**	maths	
der **Matrose (-n)**	sailor	
die **Mauer (-n)**	wall	
das **Maul (¨-er)**	mouth (of an animal)	
der **Mechaniker (-)**	mechanic	
die **Medien**	media	
das **Medikament (-e)**	medicine	
die **Medizin**	medicine (academic subject)	
das **Meer**	sea, ocean	
die **Meeresfrüchte**	seafood	
das **Meerschweinchen (-)**	guinea pig	

	meinen	to think
die	Meinung (-en)	opinion
	meistens	mostly
die	Menge (-n)	amount
das	Menü (-s)	set meal
das	Messer (-)	knife
der	Metzger (-)	butcher
die	Metzgerei (-en)	butcher's shop
	mieten	to rent
	mindestens	at least
der	Mitarbeiter (-)	colleague
	mitbringen	to bring with you (*sep.*)
	miteinander	together
das	Mitglied (-er)	member
	mitnehmen	to take with you (*sep.*)
der	Mitschüler (-)	fellow pupil
der	Mittag	lunchtime
das	Mittagessen (-)	lunch
	mittags	at lunchtime
die	Mittagspause (-n)	lunch break
die	Mitte	middle
das	Mittelalter	Middle Ages
	mittelgroß	of medium height
	mitten	in the middle of
die	Mitternacht	midnight
	mittlere(r,s)	middle
die	Mode	fashion
das	Modell (-e)	model
das	Modellflugzeug (-e)	model aeroplane
	modisch	fashionable
	mögen	to like
	möglich	possible
	möglicherweise	possibly
der	Monat (-e)	month
	monatlich	monthly
die	Monatskarte (-)	monthly ticket
der	Morgen	morning
	morgens	in the morning
	motiviert	motivated
das	Motorrad (¨-er)	motorbike
	müde	tired
die	Mühe	trouble
der	Müll	rubbish
der	Müllberg (-e)	rubbish heap
die	Mülltrennung	sorting of rubbish
	München	Munich

der	Mund	mouth
das	Museum (Museen)	museum
der	Musiker (-)	musician
der	Musikladen (¨)	music shop
	müssen	must, to have to
die	Mutter (¨)	mother

der	Nachbar (-n)	neighbour
	nachher	afterwards
der	Nachmittag (-e)	afternoon
	nachmittags	in the afternoon
die	Nachricht (-en)	news
die	Nachspeise (-n)	dessert, pudding
der	Nächste	next one
	nächste(r,s)	nearest
die	Nacht (¨-e)	night
der	Nachteil (-e)	disadvantage
der	Nachtisch	dessert, pudding
der	Nachtklub (-s)	nightclub
das	Nachtleben	nightlife
	nachts	at night
	nagelneu	brand new
die	Nähe (in der Nähe von)	near…
die	Nahrung	food
der	Name (-n)	name
	nämlich	namely, to be exact
die	Nase (-n)	nose
	nass	wet
die	Nationalität (-en)	nationality
	natürlich	natural(ly), of course
	neben	next to
der	Nebenjob (-s)	part-time job
	neblig	foggy
	nehmen	to take
	nennen	to name, to give (an example)
	nerven	to get on someone's nerves
	nett	nice, friendly
	neu	new
die	Neubausiedlung (-en)	new housing estate
	neulich	recently
	Neuseeland	New Zealand
der	Nichtraucher (-)	non-smoker

Vokabular

	nie	never
	niedrig	low
	niemand	nobody
die	Niere (-n)	kidney
	nirgends	nowhere
	noch	still
	nochmals	another time, again
der	Norden	north
	nördlich	northern
	normalerweise	normally
die	Note (-n)	mark at school, musical note
der	Notfall (¨-e)	emergency
	notieren	to make a note of
	nötig	necessary
	nun	now
	nur	only
	nützen	to be of use
	nützlich	useful

O

	ob	whether
	oben	at the top
die	Oberstufe	upper school, sixth form
das	Obst	fruit
	obwohl	although
	oder	or
	offen	open
	öffentlich	open to the public
die	Öffnungszeit (-en)	opening time
	oft	often
	ohne	without
das	Ohr (-en)	ear
der	Ohrring (-e)	earring
die	Oma (-s)	grandma
der	Onkel (-s)	uncle
der	Opa (-s)	grandpa
die	Oper (-n)	opera
der	Orangensaft	orange juice
	ordentlich	tidy
die	Ordnung	tidiness, order
der	Ort (-e)	place
der	Osten	east

das	Osterei (-er)	Easter egg
die	Osterferien	Easter holidays
der	Osterhase (-n)	Easter bunny
	Ostern	Easter
	Österreich	Austria

P

	paar (ein paar)	a few
die	Packung (-en)	packet
das	Paket (-e)	package
das	Papier	paper
die	Pappe	cardboard
der	Parkplatz (¨-e)	car park
der	Pass (¨-e)	passport
	passen	to fit, to suit
	passend	convenient, suitable
	passieren	to happen
die	Pauschalreise (-n)	package holiday
die	Pause (-n)	pause, break
	persönlich	personal(ly)
der	Pfad (-e)	path
die	Pfandflasche (-n)	returnable bottle
die	Pfanne (-n)	pan
das	Pferd (-e)	horse
die	Pflicht (-en)	duty
die	Piste (-n)	piste
das	Plakat (-e)	poster
die	Platte (-n)	record
der	Platz (¨-e)	room, space, square
	plaudern	to chat
	plötzlich	suddenly
die	Politik	politics
der	Politiker (-)	politician
die	Polizeiwache	police station
der	Polizist (-en)	policeman
die	Pommes (frites)	chips
die	Post	post office, letters
die	Postkarte (-n)	postcard
das	Praktikum (Praktika)	period of practical training
	praktisch	practical
die	Präsentation (-en)	presentation
die	Praxis	doctor's surgery
der	Preis (-e)	price

	preisgünstig	inexpensive
	preiswert	good value
	probieren	to try, to have a go
die	Problemseite (-n)	problem page
die	Programmvorschau	preview
	provisorisch	provisional, temporary
die	Prüfung (-en)	exam
das	Publikum	audience
der	Pulli	jumper
der	Punkt (-e)	spot, point, full stop
	pünktlich	punctual(ly)
	putzen	to clean
die	Putzhilfe	cleaning person

Q

	quatschen	to chat
die	Querflöte (-n)	flute
die	Quittung (-en)	receipt

R

das	Rad (¨-er)	wheel, bicycle
	radeln	to cycle
der	Radfahrer (-)	cyclist
die	Radtour (-en)	cycle trip
die	Rakete (-n)	rocket
der	Rat	advice
	raten	to advise, to guess
das	Rathaus (¨-er)	town hall
der	Raub	robbery
der	Rauch	smoke
	rauchen	to smoke
der	Raum (¨-e)	room, space
der	Rauschgiftmissbrauch	drug abuse
die	Realschule (-n)	secondary school
	rechnen	to calculate
die	Rechnung (-en)	bill
	recht (das ist mir recht)	right (that is ok with me)
	rechts	right
der	Rechtsanwalt (¨-e)	solicitor
	recyceln	to recycle
	reden	to talk

das	Regal (-e)	shelf
	regelmäßig	regular(ly)
der	Regen	rain
der	Regenschauer (-)	rain shower
der	Regenschirm (-e)	umbrella
das	Regenwasser	rainwater
	regnen	to rain
	reiben	to rub, to grate
	reich	rich
	reichen	to be sufficient
die	Reife	maturity
die	Reihenfolge	order
der	Reis	rice
der	Reisebedarf	travel necessities
das	Reisebüro (-s)	travel agent
der	Reisebus (-se)	coach
	reisen	to travel
der	Reisescheck	traveller's cheque
das	Reiseziel (-e)	destination
	reißen	to tear, to rip
	reiten	to ride (horses)
der	Reitstall (¨-e)	riding stable
die	Reklame	advertising
	rennen	to run
	reparieren	to repair
das	Rezept (-e)	recipe, doctor's prescription
die	Rezeption	reception
	richtig	correct
	riesig	huge
das	Rindfleisch	beef
das	Risiko	risk
der	Rollschuh (-e)	roller skate
die	Rolltreppe (-n)	escalator
der	Roman (-e)	novel
die	Römerzeit	Roman era
	rot	red
der	Rücken	back
die	Rückenschmerzen	backache
die	Rückfahrkarte (-n)	return ticket
der	Rucksack (¨-e)	rucksack
	rudern	to row
	rufen	to call
die	Ruhe	peace, quiet
	ruhig	quiet
der	Rundfunk	radio

Vokabular

S

das	**Sachbuch** ("-er)	nonfiction book
die	**Sache** (-n)	object, thing
die	**Sackgasse** (-n)	cul-de-sac
der	**Saft** ("-e)	juice
	saftig	juicy
	sagen	to say
die	**Sahne**	cream
die	**Saisonkarte** (-n)	season ticket
der	**Salat** (-e)	salad
die	**Salbe** (-n)	medical cream
das	**Salz**	salt
	salzig	salty
	sammeln	to collect
der	**Sänger** (-)	singer
	satt	replete, full
der	**Satz** ("-e)	sentence
	sauber	clean
	sauer	sour, sharp
die	**Schachtel** (-n)	small box
	schade	what a pity
	schaden	to damage, to harm
der	**Schaden** (")	damage
das	**Schaf** (-e)	sheep
der	**Schalter** (-)	ticket window, switch
die	**Schalterhalle** (-n)	booking/ticket hall
	schauen	to look
die	**Schaufel** (-n)	shovel
der	**Schauspieler** (-)	actor
die	**Scheckkarte** (-n)	cheque card
die	**Scheibe** (-n)	slice
der	**Schein** (-e)	note (money), bill
	scheinen	to shine, to seem
	schenken	to give as a present
die	**Schichtarbeit**	shift work
	schick	elegant, smart
	schicken	to send
	schießen	to shoot
das	**Schiff** (-e)	ship
die	**Schildkröte** (-n)	tortoise
der	**Schinken**	ham
	schlafen	to sleep
das	**Schlafzimmer** (-)	bedroom
das	**Schlagzeug**	percussion
die	**Schlange** (-n)	snake, queue
	schlank	slim
	schlapp	worn out, listless
	schlecht	bad
	schließen	to close, to lock
das	**Schließfach** ("-er)	locker (at the train station)
der	**Schlittschuh** (-e)	ice skate
das	**Schlittschuhlaufen**	ice skating
das	**Schloss** ("-er)	castle, lock
der	**Schluss**	end
der	**Schlüssel** (-)	key
	schmecken (gut/schlecht)	to taste (good/bad)
die	**Schmerztablette** (-n)	painkiller
sich	**schminken**	to put make-up on
der	**Schmuck**	jewellery, decoration
	schmücken	to decorate
	schmutzig	dirty
der	**Schnee**	snow
	schneiden	to cut
der	**Schneider** (-)	tailor
	schneien	to snow
	schnell	fast
das	**Schnitzel** (-)	veal, pork cutlet
die	**Schokolade**	chocolate
	schon	already
	schön	beautiful, nice
	schrecklich	terrible
der	**Schreibblock** ("-e)	writing pad
	schreiben	to write
der	**Schreibtisch** (-e)	writing desk
	schriftlich	in writing
	schüchtern	shy
der	**Schuh** (-e)	shoe
die	**Schulausbildung**	school education
die	**Schulden**	debts
die	**Schule** (-n)	school
der	**Schüler** (-)	male pupil
die	**Schülerin** (-nen)	female pupil
das	**Schulfach** ("-er)	school subject
das	**Schulgebäude** (-)	school building
der	**Schulhof** ("-e)	school playground
der	**Schultag** (-e)	school day
die	**Schulter** (-n)	shoulder
	schulterlang	shoulder length
	schützen	to protect
	schwach	weak
der	**Schwager**	brother-in-law

die	**Schwägerin**	sister-in-law
	schwarz	black
der	**Schwarzwald**	Black Forest
die	**Schweiz**	Switzerland
	schwer	heavy, difficult
die	**Schwester (-n)**	sister
	schwierig	difficult
die	**Schwierigkeit (-en)**	difficulty
das	**Schwimmbad (¨-er)**	swimming pool
	schwimmen	to swim
	schwindlig	dizzy
	sehen	to see
	sehenswert	worth seeing
die	**Sehenswürdigkeit (-en)**	sight
	sehr	very
die	**Seide**	silk
die	**Seife**	soap
die	**Seifenoper (-n)**	soap opera
	seit	since, for
die	**Seite (-n)**	side, page
die	**Sekretärin (-nen)**	secretary
der	**Sekt**	champagne
	selbst (ich selbst, du selbst…)	
		I myself, you yourself, alone
der	**Selbstbedienungsautomat (-en)**	
		self-service machine
	selbstverständlich	of course
der	**Sellerie**	celery
	selten	seldom
der	**Sender**	television station
die	**Sendung (-en)**	television programme
der	**Senf**	mustard
die	**Serie (-n)**	series
sich	**setzen**	to sit down
	sicher	sure, certain, safe
die	**Siedlung (-en)**	housing estate
	Silvester	New Year's Eve
	simsen	to text
	singen	to sing
	sinken	to sink
	sinnvoll	meaningful, sensible
	sitzen	to sit down
der	**Ski (-er)**	ski
das	**Skilaufen**	skiing
der	**Skiurlaub**	skiing holiday

die	**SMS (-)**	text message
	sofort	immediately
	sogar	even
der	**Sohn (¨-e)**	son
die	**Solarenergie**	solar energy
	solche(r,s)	such
der	**Soldat (-en)**	soldier
	sollen	to be supposed to
die	**Sommerferien**	summer holidays
	sondern	but
die	**Sonne**	sun
sich	**sonnen**	to sun yourself
	sonnig	sunny
	sonst	else, otherwise
	sorgen	to worry
	sortieren	to sort
	sowie	as well as
	sowieso	in any case
	sowohl…als auch	as well as
	spannend	exciting
	sparen	to save
die	**Sparkasse**	bank
das	**Sparkonto (-s)**	savings account
	sparsam	thrifty, economical
der	**Spaß**	fun
	spät	late
die	**Spätschicht**	late shift
	spazieren gehen	to go for a walk
die	**Speisekarte (-n)**	menu
	spenden	to donate
der	**Spiegel (-)**	mirror
das	**Spiel (-e)**	game
	spielen	to play
der	**Spieler (-)**	player
der	**Spielfilm (-e)**	feature film
der	**Spielplatz (¨-e)**	playground
die	**Sportart (-en)**	type of sport
das	**Sportgeschäft (-e)**	sports shop
der	**Sportler (-)**	sportsman
	sportlich	sporty
die	**Sportstunde (-n)**	PE lesson
der	**Sportverein (-e)**	sports club
die	**Sprache (-n)**	language
die	**Sprachkenntnisse**	knowledge of a foreign language
	sprechen	to talk, speak

Vokabular

die	**Sprechstunde (-)**	consultation hour(s)
der	**Staat (-en)**	state
die	**Staatsangehörigkeit (-en)**	nationality
die	**Stadt (¨-e)**	town
die	**Stadtmitte**	town centre
der	**Stadtplan (¨-e)**	street plan
der	**Stadtrand**	outskirts
das	**Stadtviertel (-)**	district in a town
das	**Stadtzentrum (-zentren)**	town centre
der	**Stammbaum**	family tree
	stark	strong
	statt	instead of
	stattfinden	to take place (*sep.*)
der	**Stau (-s)**	traffic jam
der	**Staub**	dust
	stehen	to stand
	steigen	to climb
der	**Stein (-e)**	stone
	stellen	to put
	sterben	to die
das	**Stichwort (¨-er)**	cue, notes, main point
der	**Stiefbruder (¨-er)**	stepbrother
die	**Stiefeltern**	stepparents
die	**Stiefmutter**	stepmother
die	**Stiefschwester (-n)**	stepsister
der	**Stiefvater**	stepfather
	stimmen	to be correct
	stinken	to stink
	stinklangweilig	extremely boring
der	**Stoff (-e)**	material, fabric
die	**Stofftasche (-n)**	cloth bag
die	**Strafe (-n)**	punishment
der	**Strand (¨-e)**	beach
die	**Straße (-n)**	road
die	**Straßenbahn (-en)**	tram
	streichen	to paint (a wall etc.)
das	**Streichinstrument (-e)**	string instrument
der	**Streifen (-)**	stripe
	streng	strict
der	**Stress**	stress
	stressig	stressful
der	**Strom**	electricity
das	**Stück (-e)**	piece
der	**Student (-en)**	student
der	**Studienplatz (¨-e)**	university place
	studieren	to study

das	**Studium (Studien)**	study
der	**Stuhl (¨-e)**	chair
die	**Stunde (-n)**	hour
der	**Stundenlohn**	hourly pay
der	**Stundenplan (¨-e)**	timetable
	suchen	to look for
der	**Süden**	south
	surfen	to surf
	süß	sweet
die	**Süßigkeiten**	sweets
die	**Süßwaren**	confectionery
das	**Süßwarengeschäft (-e)**	sweet shop
	sympathisch	pleasant, nice

T

die	**Tafel (-n)**	board
der	**Tag (-e)**	day
der	**Tagesausflug (¨-e)**	day trip
die	**Tagesschau**	regular German news programme
die	**Tageszeitung (-en)**	daily newspaper
	täglich	daily
	tagsüber	during the day
	tanken	to fill up with petrol
die	**Tankstelle (-n)**	petrol station
die	**Tante (-n)**	aunt
	tanzen	to dance
die	**Tapete (-n)**	wallpaper
die	**Tasche (-n)**	bag
das	**Taschengeld**	pocket money
die	**Tasse (-n)**	cup
	taub	deaf
	tauchen	to dive
	tauschen	to swap, to exchange
die	**Technik**	technology
der	**Teil (-e)**	part
	teilen	to share, divide
	teilnehmen	to take part (*sep.*)
die	**Teilung**	division
	teilweise	partly
der	**Telefonbeantworter**	answering machine
	telefonisch	by phone
der	**Teller (-)**	plate
der	**Termin (-e)**	appointment

	teuer	expensive
das	Thema (Themen)	topic
die	Tiefgarage (-n)	underground garage, car park
das	Tier (-e)	animal
der	Tierarzt ("-e)	vet
das	Tierheim (-e)	animal home
die	Tierschutzorganisation (-en)	animal protection organisation
die	Tiersendung (-en)	wildlife programme
der	Tisch (-e)	table
das	Tischtennis	table tennis
die	Tischtennisplatte (-n)	table-tennis table
die	Tochter (")	daughter
	toll	fantastic, mad, crazy
die	Tonne (-n)	bin
die	Torte (-n)	gateau
	töten	to kill
	tragen	to carry, to wear
die	Tragetasche (-n)	carrier bag
der	Traumberuf (-e)	dream job
das	Traumhaus ("-er)	dream house
	traurig	sad
	treffen	to meet
der	Treibhauseffekt	greenhouse effect
	trennen	to separate
die	Treppe (-n)	stairs
der	Trickfilm (-e)	cartoon film
	trinken	to drink
das	Trinkgeld (-er)	tip (for a service)
	trocken	dry
	trotzdem	nevertheless
	tschüs	bye
	tun	to do
die	Tür (-en)	door
die	Türkei	Turkey
	turnen	to do gymnastics
die	Turnhalle (-n)	sports hall
die	Tüte (-n)	paper/plastic bag

U

die	U-Bahn	underground
die	U-Bahn-Station	underground stop

	üben	to practise
	überall	everywhere
der	Überblick	overview
	überhaupt	in general, anyhow
	übernachten	to stay overnight
	überraschen	to surprise
	übrig	left over
	übrigens	by the way
die	Übung (-en)	exercise
die	Uhr (-en)	clock
die	Uhrzeit	time
die	Umfrage (-n)	survey
die	Umgebung	surroundings
die	Umkleidekabine (-n)	changing cubicle
der	Umschlag ("-e)	envelope
	umsteigen	to change (trains etc.) (sep.)
	umtauschen	to exchange goods, money (sep.)
die	Umwelt	environment
	umweltfeindlich	environmentally damaging
	umweltfreundlich	environmentally friendly
das	Umweltproblem (-e)	environmental problem
der	Umweltschutz	environmental protection
(sich)	umziehen	to change clothes, to move (sep.)
	unbedingt	absolutely, definitely
	unbezahlt	unpaid
der	Unfall ("-e)	accident
	ungefähr	approximately
	ungesund	unhealthy
	unheimlich	frightening
die	Universitätsstadt ("-e)	university town
	unordentlich	untidy
	unpünktlich	unpunctual
	unsportlich	unsporty
sich	unterhalten	to chat
die	Unterhaltung	entertainment
die	Unterhaltungsmöglichkeit (-en)	entertainment options
die	Unterkunft	accommodation
	unternehmen	to do something
der	Unterricht	lessons
	unterrichten	to teach
der	Unterschied (-e)	difference
	unterschreiben	to sign

Vokabular

	unterwegs	on the way, away
	unwichtig	unimportant
	unzufrieden	dissatisfied, unhappy
der	Urlaub	holiday(s)
der	Urlauber (-)	holiday-maker
	usw. (und so weiter)	and so on, etc.

V

der	Vater (¨)	father
der	Vegetarier (-)	vegetarian
	vegetarisch	vegetarian (*adjective*)
	verbessern	to correct, to improve
	verbieten	to forbid
	verbinden	to connect, to bandage
	verboten	forbidden
	verbrauchen	to use
	verbringen	to spend time
	verdienen	to earn
	vereint	united
	vereinzelt	occasional
	vergangen	last, past
	vergessen	to forget
	vergrößern	to enlarge
	verheiratet	married
	verkaufen	to sell
der	Verkäufer (-)	sales assistant
der	Verkehr	traffic
das	Verkehrsamt (¨-er)	tourist information office
	verkehrsgünstig	conveniently situated
das	Verkehrsmittel (-)	means of transport
sich	verkleiden	to dress up
	verlassen	to leave
	verlieren	to lose
die	Verpackung (-en)	packaging
	verrückt	crazy
	verschieden	different
	verschmutzt	polluted
die	Verspätung	delay
das	Versteck (-e)	hiding place
	verstecken	to hide
	verstehen	to understand
	versuchen	to try
	verteilen	to share out, to distribute
	verurteilen	to condemn

der/die	Verwandte (-n)	relatives
	verwenden	to make use of
	verwitwet	widowed
	viel	a lot
	viele	many
	vielleicht	perhaps
der	Vogel (¨)	bird
das	Volk (¨-er)	people, nation
die	Volksschule (-n)	elementary school (dated)
	völlig	completely
die	Vollpension	full board
	vorgestern	the day before yesterday
der	Vorhang (¨-e)	curtains
	vorher	before
die	Vorhersage (-n)	forecast
der	Vormittag (-e)	morning (until lunchtime)
der	Vorname (-n)	first name
	vorne	in front
der	Vorort (-e)	suburb
die	Vorschau	preview
der	Vorschlag (¨-e)	suggestion
	vorsichtig	careful
die	Vorspeise (-n)	starter
das	Vorstellungsgespräch (-e)	job interview
der	Vorteil (-e)	advantage

W

	wach	awake
der	Wagen (-)	car, van
	wählen	to choose, to dial a number, to vote
das	Wahlfach (¨-er)	optional subject
	wahnsinnig	mad, crazy, incredible
	wahr	true
	während	during
	wahrscheinlich	probably
der	Wald (¨-er)	wood, forest
die	Wand (¨-e)	wall
	wandern	to walk, to hike
die	Wanderung (-en)	walk, hike
	wann?	when?
	warm	warm
die	Wartehalle (-n)	waiting room
	warten	to wait

	warum?	why?
	was?	what?
	waschen	to wash
das	Waschpulver	washing powder
das	Wasser	water
die	Wasserkraft	water power
der	Wassersport	water sports
die	Wasserverschmutzung	water pollution
	WDR	German radio station
	wechselhaft	changeable
	wechseln	to exchange, to change
die	Wechselstube (-n)	bureau de change
der	Wecker (-)	alarm clock
der	Weg (-e)	path
	wegen	because of
	wegwerfen	to throw away (sep.)
	weh (es tut weh)	it hurts
	wehen	to blow
	weiblich	female
das	Weihnachten	Christmas
der	Weihnachtsbaum ("-e)	Christmas tree
die	Weihnachtsferien	Christmas holidays
der	Weihnachtsmarkt ("-e)	Christmas market
das	Weihnachtsplätzchen (-)	Christmas biscuits
der	Weihnachtsschmuck	Christmas decorations
der	Weihnachtstag	Christmas Day
	weil	because
das	Weingebiet (-e)	wine-growing areas
	weiß	white
	weit	far
	Weitere(s)	further details
	weiterempfehlen	to recommend (sep.)
	weiterhin	furthermore
	welche(r,s)	which
der	Wellensittich (-e)	budgie
die	Welt	world
	weltbekannt	world-famous
der	Weltkrieg (-e)	world war
	wem?	whom?
die	Wende	German reunification, turning point
	wenig	little
	wenn	if, when
	wer?	who?
der	Werbefachmann	advertising specialist
die	Werbung	advertising

	werden	to become
	werfen	to throw
die	Werkstatt	repair garage
	wertvoll	precious
der	Westen	west
	westlich	western
das	Wetter	weather
der	Wetterbericht (-e)	weather news
die	Wettervorhersage (-n)	weather forecast
	wichtig	important
	wie?	how?
	wieder	again
	wieder verwerten	to recycle
	wiederholen	to repeat
die	Wiederholung	revision
(Auf)	Wiedersehen	goodbye
	Wien	Vienna
	wieso?	why? how come?
die	Windenergie	wind power
	windig	windy
der	Winter	winter
das	Wintersemester (-)	winter semester
	wirken	to have an effect
	wirklich	really
die	Wirklichkeit	reality
	wissen	to know
das	Wissen	knowledge
die	Wissenschaft (-en)	science
	wo?	where?
die	Woche (-n)	week
das	Wochenende	weekend
	woher?	where from?
	wohin?	where to?
	wohl	probably, no doubt
der	Wohnblock ("-e)	block of flats
	wohnen	to live
das	Wohnhaus ("-er)	residential building
der	Wohnort (-e)	place of residence
die	Wohnung (-en)	flat
der	Wohnwagen (-)	caravan
das	Wohnzimmer (-)	sitting room
	wolkig	cloudy
	wollen	to want
das	Wort ("-er)	word
das	Wörterbuch ("-er)	dictionary
	wunderbar	wonderful

Vokabular

	wunderschön	beautiful, lovely
der	Wunsch ("-e)	wish
	wünschen	to wish
der	Würfel (-)	cube, dice
die	Wurst	sausage
das	Würstchen (-)	small sausage

die	Zahl (-en)	number
	zahlen	to pay
	zählen	to count
der	Zahn ("-e)	tooth
der	Zahnarzt ("-e)	dentist
die	Zahnschmerzen	toothache
	ZDF	German television channel
die	Zehe (-n)	toe
	zeigen	to show
die	Zeile (-n)	line, row
die	Zeit (-en)	time
die	Zeitschrift (-en)	magazine
die	Zeitung (-en)	newspaper
	zeitweise	at times
das	Zelt (-e)	tent
	zelten	to camp
das	Zeugnis (-se)	school report
	ziehen	to pull

das	Ziel (-e)	destination
	ziemlich	fairly
das	Zimmer (-)	room
die	Zitrone (-n)	lemon
der	Zivildienst	community service (alternative to military service)
die	Zollkontrolle (-n)	customs check
der	Zucker	sugar
	zuerst	to start with, first
	zufrieden	content
der	Zug ("-e)	train
das	Zuhause	home
die	Zukunft	future
	zuletzt	finally
	zurück	back
	zusammen	together
der	Zuschauer (-)	spectator
die	Zutaten	ingredients
	zuverlässig	reliable
	zwar	in fact, actually
die	Zwiebel (-n)	onion
der	Zwilling (-e)	twin
der	Zwillingsbruder (")	twin brother
die	Zwillingsschwester (-n)	twin sister
	zwischen	in between
	zwischendurch	in between times, meantime